JN036928

コカ・コーラを日本一売った男の学びの営業日誌

講談社＋α新書

『コカ・コーラを日本一売った男の学びの営業日誌』 目次

第2ステージ　フードサービス部門

第3ステージ　日本コカ・コーラ

第4ステージ　人の力・モノの力

プロローグ

営業という最強の学び

「営業という仕事はどういうものですか」と聞かれると、一〇人営業職がいれば全員が異なる回答をするのではないかと思うほど、じつに曖昧な仕事です。「モノを売る仕事です」といった大括りの回答もあれば、「お客様と強固な人間関係を構築し、取引を通じてお互いの継続的な成長に結び付ける役割を最前線で担う仕事です」といったやや俯瞰的な視点から捉えたものまでさまざまでしょう。

実社会では多くの人が営業職に就いていますが、ほとんどが自分なり、所属する組織なりの答えを持っているか、もしくは「営業とはどういったものか」をまったく考えないで仕事をしているかのいずれかではないかと思います。それほど難しく考えなくても日々の仕事は進み、それなりの給料を受け取ることもできます。

もしあなたが営業の仕事をしているなら、あなた自身が携わっている仕事がどういうものかということを知らずに漫然と日々を過ごしていることに不安はないでしょうか。それは自分が乗っている船がどんな船なのかわからないままに大海を航行するようなものです。改めて自分を振り返ると、かつて私はその状況で毎日を送っていました。

私は初めて営業という仕事に就いた頃、いつも何かしら言いようのない不安にとらわれていました。このまま営業の仕事を続けていて将来はどうなるのだろうか。歳をとってもこうやってトラックに乗って商品を運ぶ毎日を過ごしているのだろうか。ノルマに追われる日々に耐えられるだろうか。雨に打たれながらの仕事は歳をとると結構きついだろうな、といった、漠然としたあまり希望のない未来しか思い浮かばなかったのです。そんな気持ちに蓋をしてなんとなく仕事を続けるだけの毎日でした。

いまになって振り返れば不安になるのも当然です。営業という仕事は一つの枠にはめることができないほど、じつに裾野の広い仕事だからです。

そこで得た学びは単に営業といった職だけにとどまらず、人生の歩みの多くの場面で活用することができます。なぜならそれは実際に人と関わる仕事を通じて身に付けることができるものだからです。そこには机上の理論を超えた「知恵」が数多く息づいています。

営業という仕事から得られるもの

社会に出て営業という職業に就くと、挨拶を始めとした躾のような基本的なことから、周囲とのコミュニケーション方法、ビジネス文書の書き方、ものごとを整理し、構成を組み立てる力、相手に自分の言っていることをより理解してもらうための伝達力、大切な約束や締め切りを守るための時間管理能力など、じつに多くのことを現場の仕事を通じて学び直すことになります。

営業職が他の職種と大きく異なる点は、他の職種よりもより多くの社外の人たちと会い、関わりを持ちながらでないと仕事を進められないところにあります。

また、お客様に自分たちが扱うモノやサービスを売り込んで、それに見合う対価（お金）をもらうといったことも他の職種とは異なります。会社は営業活動で収益を上げることができないと、たちまちその組織を運営するためのお金が足りなくなり、自分たちのミッションを果たすどころか存続することすら危うくなってしまいます。

相手の「NO!」からスタートする

多くの営業場面では、相手からの要請ではなく、こちらから商品を紹介し、買ってもらうことがほとんどです。当然のことながら、すんなりと購入してくれることは稀です。断り文句を聞かされることから話を進めることになります。

「営業は断られてから始まる」という言葉が昔からあるように、まさしく相手の「NO！」

からスタートする仕事です。

どんな有名大学の出身者であっても、私のように地方の名もない〝Fラン〟（Fランク）と言われるような大学を出ていようとも、営業職を通じた学びは全員が同じスタートラインに立つことから始まります。

先に述べた通り、営業という仕事は一つの枠にはめることができないために、求められる能力の裾野は広いものになります。営業にはどんな能力が必要でしょうか、という問いに対する一つの答えはありません。

人にはいろいろな性格があり、同じものを見ても捉え方やものに対する考え方は異なります。ある人には好意を持たれるやり方が、別の人には正反対の結果を招くといったことも珍しくはありません。一つの方法がすべての解決につながるといった単純な答えにはならないということです。

ただし、私の拙い経験ではありますが、基盤となる考え方とそれをどう具現化するのかといった方法は一定のかたちとして存在します。私が経験し、実践してきた学びをお伝えすることで、一人ひとりのこれからの人生の歩みのお役に立つことができればと心から願っています。

それでは私の営業日誌を振り返っていきたいと思います。

本文に登場する人物名、店名などは、実名・仮名を適宜使い分けています。

第1ステージ　高知営業所

人から差をつけられている分だけ伸び代は大きい

私の出身大学はいまならFランと呼ばれそうな地方の私立大学です。私の地元で大学の名を伝えてもほとんどの人が知りません。そんな大学でしたが、アルバイトをしていた北九州コカ・コーラ社の方から紹介してもらい、なんとか地元の四国コカ・コーラボトリング社に採用されました。

コカ・コーラはアトランタに本社がある、ザ コカ・コーラ カンパニーが本部となり、フランチャイズシステムでグローバルにビジネスを展開しています。加盟企業となる世界のフランチャイジーに商品の販売事業を行う権利を与え、その規模は二〇〇を超える国と地域に及びます。ザ コカ・コーラ カンパニーの日本法人が日本コカ・コーラ社であり、私が入社した四国コカ・コーラボトリング社はフランチャイジーであるボトラー社の一つです。

当然かもしれませんが、なんとか採用された私は同期で入社した他の有名大学出身者とは配属先から異なります。国立大学、有名私立大学を出た彼らは全員が本社勤務です。一方の私は営業所のルート営業マンの助手から社会人生活をスタートしました。ルート営業はルートセールスとも呼ばれ、それぞれが担当する店舗の訪問日を一週間で割り振り、毎週、決められた曜日に所定のお店に訪問するといった営業スタイルです。

本社勤務が偉い訳でも、営業所で助手をやることが劣っているということでもありませんが、雨風にさらされて外回りをしている自分とスーツを着てオフィスでさっそうと仕事をしている彼らとを比較すると、自分がなんとも情けないように思えました。

営業所のマネジャーは「外回りの仕事は面白いだろう。そう思わないか」とよく言っていましたが、つくり笑いで「そうですね」と返しながら、「何を言っているのだろう。この状況でそう思えるならたいしたものだ」というのが本音でした。

ルート営業は、トラックに製品を積み込み、決められた店舗へ配達を行い、売り場への商品の補充、さらに担当地域の新規開拓に回るのが仕事です。ちょっとした空き時間があれば、行ったことがない会社や事務所に伺い、自動販売機の売り込みをします。

まだテキパキと仕事を進めることができないことに加え、営業という仕事は商談をする相手が存在するので、こちらの都合に合わせた時間に収まってはくれません。一方で、その日に決められたお店はすべて訪問しなければならないので、新規開拓や訪問先で新たな提案を行うなどの時間を上乗せすると、必然的に帰社が遅くなります。

外回りの仕事は時には早朝から深夜に及ぶこともあり、慣れないこともあって上司や先輩から連日のように叱られます。さらに訪問先では厳しいことを言われて落ち込みます。一緒に入社した五〇人を超える同期は三ヵ月後には半分が会社を去っていました。

私も「いつまでもいられる職場ではないな」と思いながらも、「じゃあ、次はどこに行くのか。地方のFラン大学出身者でこれといった能力もない自分を雇ってくれるところなんてあるのだろうか」と思いながら悶々としていました。もし、辞めたら、社会人になって数ヵ月でプー太郎になってしまいます。さすがにマズイなぁ、頭の中でもう一人の自分が囁《ささや》きます。

そんなある日、土居さんという先輩から「おごってやるから一緒に飲みに行こう」とお誘いを受けました。

説教されるのは嫌だなとは思いつつ、薄給の身としてはタダの夕食にお酒のおまけまで付くのですから、ありがたい話です。駅裏の飲み屋街にある居酒屋の隅の席で土居さんと差し向かい、つまみをつつきながら、ぽつり、ぽつりと仕事の話をしました。雑踏さながらの店内は仕事帰りの会社員で満席です。周囲の喧騒に遮《さえぎ》られ、言葉が聞き取れない中、私の話を真剣に聞いてくれる土居さんに上手くは言えない温かみを感じました。

「どうだ、仕事は面白いか」

とても同意できない質問からのスタートです。

「いいえ、毎日が凄く辛いです。土居さんはどうですか」

私はすかさず聞き返しました。

「俺も仕事は辛いよ。誰だって雨に濡れて仕事をしたくないだろ。寒い日の外回りは身体に堪えるし、暑くて耐えられない日もある」

ほらね、先輩も同じだ。やっぱりこんな仕事なんて続かないと思いました。

「だがな、俺にはやりたいことがある。それがあるからいまの仕事を続けていられる」

「やりたいことって何ですか」

土居さんにこう問いかけると「俺が決めたことだ」とはぐらかされました。そして、たしなめるように切り返されました。

「俺が目指すものはお前とは全然違う。人は皆それぞれだ。自分で考えないと本当に目指すものにはならない。安易に人を頼るな」

あっさりと突き返されます。困惑気味の私にさらなる質問が飛んできました。

「お前がやりたいことは何だ。それがわからないままではこれからどうなるかなんて考えられないだろ。どこかに旅行に行くにしても、まず目的地を決めないと何も決められないし、どこにも行けない」

言っていることはごもっともです。箸でつまんだ大根が、ぽとりと皿に落ちます。

「そのためにいまの仕事がある。なんとなく仕事をしていると嫌な部分だけが見えてくる。でもな、目指すことのために仕事をしていると思うと嫌なこともこれからのためになると思えてくるから不思議なものだ」

「お前は真剣に仕事をやっていると胸を張れるのか。辞めた連中と同じように、ここの仕事が大変だから他に行くのはいいが、行った先でも同じことが起こる。それは自分の伸び代を試しもしていないから当然だ。そうやって自分の居場所がどんどん狭くなる。それでもここを辞めて次に行くことでお前の目指すものが見つかると思うなら、この仕事を辞めてしまえばいい」

半ば脅迫めいた突き放す言葉でしたが、粗野な言葉の向こうに思いやりを感じます。しかし、目指すものが何かはその居酒屋では見つからないままでした。

1　習慣を味方にする

一日三〇分本を読む

よく営業は現場で学べと言われます。そこで私も先輩が話していることを真似てお客さんと接していましたが、一向に営業成績が上がりません。

書店で営業のノウハウ本を何冊か買ってきて、「そうか、イエスバット話法か。まずは相手の話を聞いて、それから反論すればいいのか」といった具合に、本から仕入れたインスタントの曖昧なノウハウで売り込みに臨んでみました。しかし、少し踏み込んだ話になった途端に会話のキャッチボールが上手く進まなくなり、自分で話している言葉がなんとも薄っぺらいことを思い知らされただけでした。

その日も予定のお店を回り終えた頃にはすっかり暗くなっていました。営業所に戻って、翌日配達する商品をトラックに積み込み、重い足取りで事務所のパイプ椅子に腰を掛けます。

やっとのことで配達を終えましたが、新規開拓や機材の設置といっためぼしい成果はありません。ため息交じりで日報の売り込み実施欄にチェックを入れていると、後ろからポンと肩を叩かれます。振り向くと、山根所長です。

「どうだ、調子は」

「頑張っていますが、なかなか難しいです」

すると彼は私のカバンのポケットにある営業の本に気づいた様子。

「ほう、こんな本を読んでいるのか」

「書いていることを真似てやっているだけです。でも、なかなか上手くいかないですね」

そのときの山根さんのアドバイスがいまの私をつくってくれました。彼はカバンから私の買った本を取り出し、パラパラとめくりながら話しかけてきます。

「すべてのことに言えるんだが、専門的な知識をどれだけ蓄えても、それは電信柱のような一本の棒みたいなものだ。それだけではちょっとしたことで倒れてしまう。いま、読んでいる営業の本には役に立つことがたくさん書かれていると思うが、それだけをちょっとつまんで現場に持ち込んでもしっかりと使えるものにはならないんだ」

山根さんは続けます。

「いいか、大切なことはその棒を支える知識の裾野をしっかりとさせることだ。周りからその棒を支えるような、言ってみれば山のようなかたちにすることだ。専門的な知識はあったに越したことはないが、まずはその脇を固めていかないと、どんなに棒を高く伸ばしても横から突っつかれると簡単に倒れてしまう。そのためには多くの本を読むといい。学校の勉強とは違うぞ。焦らなくていい。一日三〇分、本を読めばいい。三〇分だけでいいんだぞ」

本当かなと思いながらもまずは試してみることにしました。本音は三〇分くらいなら自分でもできそうだと思っただけです。とは言っても、いったい何から読めばいいのかわかりません。早速、書店に向かいますが、「これであなたも最強の営業マン」「連戦連勝の営業ノウハウ」といった類いのタイトルが並ぶ棚の前で、困惑してしまいます。世の中、そんなに簡単にはいかないよなぁと、弱気なもう一人の自分が囁きます。

そこで、手始めに、ちょっと世間で話題になったものや面白そうなタイトルの文庫本からスタートです。三〇分だけなのでちょっとした空き時間を充てればそれほど大変ではありません。一般的なテレビのアニメ番組の放送時間と同じくらいの長さです。

「習慣を味方につける」という言葉がありますが、人間は習慣化してしまうと始める前はとても無理だと思っていても案外やれるものです。やがて読む本の種類も変わり、読書に充てる時間が徐々に増えていきます。

こうして読書を続けていくと、少しずつですが、取引先とも多少踏み込んだ話ができるようになります。

最も強く感じたのは、相手は何を言いたいのだろうか、ポイントは何だろうかと考えながら取引先の話を聞けるようになったことです。本を読んで知識を得るのはもちろんですが、それよりも文章を読むことで知らず知らずのうちに話の主旨をつかむコツのようなものが身に付いていたのです。じつはこれが営業に大きく役立ちました。相手の話にきちんと耳を傾け、相手の伝えたいポイントに応えるという基本の基を身に付けることができたからです。

この小さな習慣はいまでも私の強力な味方になっています。

営業に限りませんが、ものごとは一足飛びにはいきません。何か上手くいかないことがあれば手っ取り早く人に教えてもらうとか、役立ちそうなノウハウを持ってくるとか、とにかく近道を選びがちです。しかし、実際に仕事で使えるものは、そう簡単に身に付くものではありません。

現在はネット検索で容易に情報を得ることができますが、多くの人たちとの営業現場を通じて強く感じるのは「知識」と「学び」は違うということです。単に「知っている」だけでは肝心な時に役に立たないことが多く、いざ行動を起こすとそのひ弱さが露呈してしまいます。先輩から注意されながらも、私は借り物の知識で現場に臨み何度も同じような失敗を繰り返してきました。改めて、先人のアドバイスと親の小言は素直に聞く姿勢が必要だと、懲りない私でも思い知ります。

現在の営業は取引先と協業できる能力が問われますが、ここで大切なことは具体的に何ができるのかという実践力です。私の場合は読書で得た知識を少しずつ自分のやり方にしていったのですが、自分の力を伸ばしていくやり方はその人によって異なります。ただし共通するのは「習慣を味方につける」ということだと思います。

きちんとした姿勢をかたちにする

多くの人が営業の仕事に携わっている人はスーツ着用、というイメージを持っていると思いますが、私が勤めたコカ・コーラ高知営業所では全員が制服を着ています。時代によって少しずつデザインが変わっていますが、今なお現場の営業担当者のほとんどが制服を着ています。私はこの制服が好きだったのですが、当然、毎日製品を運んでいるので結構汚れます。雨でも降れば帰る頃にはずぶ濡れでひどい状態の時もあります。でも会社にクリーニングシステムがあるので、毎日きれいな状態で営業所を出ることができるのです。

ただし、靴は各自で管理です。このため営業所では所長から毎朝のように靴を磨け、きれいに磨けと小言のように言われていました。しかし私は、「ずっと外回りで製品を運んでいるんだから、少々の汚れは当然だろう」などと思っていました。

ある日のことです。マネジャーの青木さんが私の靴を見てこう言います。

「営業に限らずだが身だしなみをきちんとするのは最低限のマナーだ。わかるな」

「はい、わかります。着ている服や髪には清潔感が大事ということですよね」

「そうだ。なかでも靴をきれいにしておくということだ。多くの人は服をきれいにすることばかりに目がいってしまうが、じつはそれと同じくらい靴をきれいにすることが大事なんだ」

青木さんは真面目に続けます。

「俺たちが仕事をしていて一番汚れるのはどこだと思う」

「はぁ、靴でしょうか。歩き回るし、いつも地面を踏んでいますし……」

「そうだ、俺たち営業は毎日歩き回って、誰かと会うのが仕事だ。だから、靴が汚れていても当たり前だと思いがちだが、人の目は結構足元にいくものだ。そんな時、靴がきれいに手入れされていると、それだけでこの人はしっかりしているという印象を持ってくれる。逆に汚れてすり減った靴を履いていると、それだけでちゃんとしていないという印象を持たれたりするものだ。お前だってきれいに手入れしている靴を履いている相手に悪い印象を持ったりしないだろう。別に新しくなくても、高くなくてもいい。きちんと手入れをすることが大事なんだ」

そう言うと青木さんが私に小さな丸い缶を放り投げてくれました。コロンブスの靴クリームです。

「それでちゃんと靴を磨け。それだけで営業が上手くいくかもしれんぞ。そんな小さな心配りが大事なんだ」

青木さんはこの一言を残してさっさと行ってしまいました。突然でやや乱暴な話でしたが、ちょっと嬉しくなります。確かに営業にはプラスになるかもしれません。営業力が乏しい身としては何でもやってみるしかないのです。

最初は適当にクリームを塗って、端切れの布で靴を擦る程度でしたが、慣れてくると靴が光って気持ちが良いものです。これ以降、気がついた時に靴を磨く習慣がつき、それはいまでも続いています。

実際に取引先から「あなたはいつも靴をきれいにしているなぁ」と褒められたことが何回かあり、そこから商談につながったこともありました。田中酒販での自販機成約、園田商店のクーラー（冷蔵庫）の設置などです。青木さんの言っていたことは本当だとその都度、思いました。

小さなことだけど、きちんとした姿勢をかたちにする。確かに営業だけではなく、あらゆることに言えると思います。

それから何年もの歳月が流れました。ある時、青木さんから言われた「小さな心配りが大事」という言葉を思い出しました。青木さんからいただいたコロンブスの靴クリームは私の馴染みの一品となり、ずっとこれで靴を磨いてきたのです。

「そうだ、コロンブスの社長に御礼の手紙を出してはどうだろう」とふと思いました。唐突に手紙を送っても迷惑になるだけかもしれないとの迷いがよぎりますが、お世話になったお礼を言われて悪い気になる人はいないはず。靴を磨くのと同じで「きちんとした姿勢をかたちにする」ことが大事だと、自分で自分の背中を押します。拙い文面ですが、お礼の言葉をしたためて、早速コロンブス社の服部社長に手紙を出しました。

数日後、私あてに一通の手紙が届きました。なんと服部社長からの返信です。そこには、「常々、多くの方々に靴磨きの楽しさ・大切さを知っていただき、一人でも多くのお客様に靴磨きの感動をお伝えすることを理念としている私どもにとって、お手紙でいただいたお話が、得難い教訓のようでございます。重ねて御礼申し上げます」と書かれていました。

相手のことを思うのは当然ですが、その姿勢をかたちにしないと人には伝わりません。唐突な手紙を送った私に、きちんとしたかたちで返してくれた服部社長の言葉の一つひとつがその大切さを教えてくれました。

2　行動は嘘をつかない

行動は言葉よりも雄弁

営業という仕事を少し大ざっぱに表現すると、自分たち（自社）のモノやサービスを買ってもらい、対価を受け取ること、となります。とても単純な構造ですが、実際はそう簡単に買ってはもらえません。あらかじめ決まった取引先を訪問するルート営業であっても、一度も会ったことのない人を訪問する新規開拓であっても、「あなたの会社の商品を待っていました。是非、売ってください」と言われることはまずありません。相手が買おうとは思いもしなかったものにお金を出してもらうということです。高額なものでも、それほど高くはないものであっても、どんな商品でも、この点に関しては同じです。

では、どうやったら相手に買ってもらえるのか。営業の仕事に就くと、まずこの当たり前の壁に突き当たります。

どうやって営業をするのかなんて、高校、大学時代を通じて学ぶ授業はありません。アルバイトで経験する人もいるかもしれませんが、ほとんどの人が会社に入るまで実際の営業活動に触れる機会はないと思います。

私の場合も営業の知識を得たのはコカ・コーラに入社してから受けた営業研修が初めてでしたが、そこで学ぶことは本当に基礎的なことです。実際の現場では自分で考えながらどうするのかを決めなければならないことばかりです。わからないことを誰に聞けばよいのか、聞いてどうするのか、という手探りレベルから始めることになります。

一方、取引先は営業が新人であろうが、ベテランであろうが関係ありません。こちらの様子を見て、新人だとわかれば少しは手加減して接してくれる人もいますが、ビジネスですから厳しさには変わりありません。

ではどうすればいいのか。「先輩の背中を見て学べ」とか「人のやることを見てノウハウをつかめ」などと言われますが、抽象的なアドバイスばかりで実践では役に立ちません。

そこで我流で取引先との商談のバッターボックスに立ちますが、あえなく三振して、すごすごと引き揚げる毎日が続きます。

新田酒店は住宅街にある小さな酒屋さんです。小学校の先生だった奥さんが店に立って、ほとんど彼女一人で切り盛りしています。店頭にはコカ・コーラの自販機がありますが、設置して随分経つので古さは否めません。

量販店と違ってそれほど手を掛ける時間もないので、私たちも含め多くの業者が注文を聞き終え、納品を済ませるとさっさと次に行ってしまいます。

ある日のこと、納品を済ませてクルマに向かおうとした時、改めて自販機を見ると結構汚れています。やれやれと思いつつ、清掃キットをクルマから降ろし、一通りの掃除をしてから次に向かいます。たいして時間も掛けられないので、それなりにきれいになったかなという程度です。「少しでもきれいになったら十分。よくやった！」と自分で自分を納得させます。

そうするとついつい気になって、また次の週も同じことをして帰ります。やがて、自販機の清掃がお店を訪問する時の当たり前のルーチンのようになってきますが、古い自販機なので「見違えるようにきれいになった」ということにはなりません。それでも手を掛けるのを怠れば、わずか一週間でなんとなくくすんでしまいます。「少しでもきれいになったら気持ちも良くなるし、一本でも余計に売れるかもしれない。良しとしよう」と割り切ります。人間、慣れればこんなものです。

今日はいつもの訪問日です。清掃キットを持って自販機の前で掃除を始めようとすると声を掛けられました。

「いつもありがとうね」

振り返ると新田酒店の奥さんです。穏やかな方ですが、元先生だけあって、こちらが至らないことをするとチクリと厳しいことも言われます。

「はい。いえ、こちらこそ……」

とっさの言葉が出ず、相変わらず気の利いたことが言えません。

「ちょっと、お時間いいかしら」

そう言われるまま後ろについて行き、レジカウンター脇の椅子に腰を掛けます。そこにはコカ・コーラの自販機のカタログがあります。私が渡した記憶はないので「どうしたんだろう」と思っているところに奥さんから、「じつは先日、急な注文をお願いした時に来てくれた方から『ここの自販機はあまりに古いので、新しいものに替えたほうがいい』と勧められたの。いまならサービスしますとかいろいろ言われたけど、その時はどうしても買おうという気にならなくてお断りしたのよ」

カウンターのカタログに目をやります。「代わりに配達って誰だろう」とカタログにクリップ留めされている名刺を見ると山口さんです。彼は私より一年早く入社した年下の先輩ですが、セールストークも流暢で販売成績もまずまずです。一方こちらは歳こそ上ですが、販売成績のほうはまだまだです。こんな時、慣れている営業担当ならすぐに機転を利かせて売り込むところですが、新人営業マンの私は黙って相手の話を聞くばかりです。

話を続ける奥さんの言葉にうなずいていると「あなたから自販機を買おうと思うの。いいかしら」と。なな、なんと、思いもよらない展開にびっくりです。奥さんが続けます。

「確かにウチの自販機は置いてから随分と経っているから、そろそろ替え時とは思うけど、あまり立て板に水みたいに良いことを聞かされても、じゃあそうしましょうという気にはならないのよ。それよりも、来てくれるたびに自販機をきれいにしてくれる人から買いたいじゃない」
願ってもない展開で嬉しいのですが、営業らしい売り込みは何もしていないので、驚きのほうが勝ります。

営業では自分たちが提供するものが、相手にとって「価値がある」と認められてから契約にこぎつけ、対価を受け取ることができます。そうもっていくためには、その価値を理解してもらうコミュニケーション力が大切だと言われます。確かにその通りですが、実際の営業現場でそのことを相手にわかってもらうのは、セールストークだけではありません。相手のためのちょっとした行動でも自分たちが提供できるものの価値を相手に伝えることができます。

正直なところ、私はそんなことを意識していた訳ではありません。汚れた販売機がちょっと気になって磨いていただけで、たまたま一本でも多く売れればという相手の求める方向に行動が向いていただけなのです。

「行動は言葉よりも雄弁だ」ということわざがありますが、まさに営業現場で言えることではないかとこの経験が教えてくれました。

取引先が本当に求めているもの

「あんたのところの商品は他と比べて本当に高い」

納品を終えて伝票を渡すたびに、お店から言われる決まり文句です。そうは言われても営業担当が勝手に卸値を変えることはできません。

「いえ、どんなに利幅のある商品でも売れなくては意味がないですよね。私たちは商品がより多く売れるためにＣＭを流し、いろいろなプロモーションを行って、より売りやすいようにお店を支援しているのです。原材料も厳選したものを使っているのでこの価格になります。その点をご理解ください」

このように伝えますが、相手はそう簡単に納得はしてくれません。営業にとって取引先との納品価格に関するやり取りは永遠の交渉テーマです。会社としてはより高く卸したい一方で、取引先はより安く仕入れたいのですから。


北沢酒店は八百屋と酒屋に鮮魚店が合体したようなお店です。昔気質の店主が取り仕切る家族経営のお店で、近所からお客さんがひっきりなしに来店しています。お店は大繁盛ですが、売場には箱のまま積み上げた商品、埃を被った陳列棚、酒屋といいながら店内には大きなまな板と流し台があり、そこで店主が仕出しの魚をさばいています。

正体のよくわからないお店ですが、先輩曰く「この雑然とした店構えだから売れるんだ」とのこと。そうかなぁと半信半疑ながらも、お店の盛況ぶりを見るとそうかもしれないという気になります。

店先にはずらりと自販機が並んでいますが、店内だけでなく店頭も同じ状況です。他社の飲料自販機やビールの自販機も負けず劣らず汚れています。毎回訪問するたびに汚れを拭き取って掃除をするのですが、毎日の魚や野菜の持ち込みで水が掛かったり、泥がついたりととても追いつきません。

ある日のこと、自販機に商品を充塡しようとすると機械が止まっています。他の自販機も同様です。またブレーカーが落ちたのかと小走りに倉庫へ向かい、配電盤のブレーカーのレバーを引き上げ、自販機に戻ると店主が傍らに立っています。

昔気質の店主は出入りの業者に対しても厳しく、他の会社の配達員が叱られている姿を幾度となく目にしていました。私も「業者はお客様のじゃまにならないようにお店の中では気を配れ」「自分の労を惜しむな。配達のクルマは遠くに停めて、お客さんが楽に店内に入れるようにしろ」といったことから、「だいたい、お前のところの卸値はなぁ」とお決まりの文句をあびせられてばかりです。

「しまった、商品を自販機の前に置きっぱなしだった。また何か言われるのかなぁ」と思いつつ、「すみません。電源が落ちていたようなので配電盤を見に行ってました」と、こちらから話しかけました。

すると店主から「少し困っているんだ。自販機の電源がよく落ちる。電気の使用量が一杯だと思うんだが、やっぱり電気工事がいるのか」との相談です。

ホッとしながら「そうですね」とふと見ると、日中なのにすべての自販機のライトが点灯しています。当時の自販機はいまのように自動で夜間照明が点灯しないものもあり、この店では夕方になると一台ずつ照明のスイッチを入れて、翌朝消灯しなければならなかったのです。家族経営のお店のために手が回らないこともあり、点灯の消し忘れから多くの機材が本格的に稼働する夏場の日中にはよくブレーカーが落ちて止まっていました。

「昼間、照明用の蛍光灯をすべて消灯すれば節電になりますが、毎日朝夕の対応は手が回らないですよね」と思わず解決策にもならないことを口にしてしまいます。「ウチも朝夕は忙しいからなぁ」と店主は半ば諦め口調です。いかつい店主の顔が少し可哀そうに見えます。

「では私が手伝います。夕方は難しいですが、平日の朝ならなんとかなると思います。電源のスイッチを切るだけですから」

私はついこう言ってしまいました。北沢酒店は私たちの営業所のすぐ近くです。立ち寄ってもそれほど苦はなさそうです。毎日となると大変そうですが、もう後には引けません。

翌週から毎日、北沢酒店を経由してその日のルートに出発することになりました。最初のうちは少しばかり億劫でしたが、慣れてくるとそれほどでもなくなります。自販機の汚れも拭き取れるので一石二鳥です。


そして数ヵ月たった頃です。

「毎朝、北沢酒店に行っているようだが何かあるのか」

恒石マネジャーが話しかけてきました。私が事情を伝えると「そうか」との一言でさっさと自分の席に戻ってしまいました。

「さすがに毎日特定の店に行くのはまずいのか。でも、理由が理由だからなぁ」

なんとなくすっきりとしないまま毎朝の北沢酒店訪問は続けていました。

数日後、その日の外回りの仕事を終えて営業所に戻ると「おーい、ちょっと来てくれるか」と恒石マネジャーが私を呼びます。

「なんでしょう」

「いいからちょっと来い」

恒石マネジャーのデスクになにやら電気部品の入った小さな箱があります。彼はその箱の中身を私に見せました。

「これはディライトスイッチといってな、明るさに反応して電源のオン・オフをやってくれるものだ。これを北沢酒店の自販機に取り付ければ、毎朝消灯に行く必要はなくなるぞ。おまけに夕方になったら自動で点灯もしてくれるから先方にとっては願ったり、叶ったり。これを持って行け」

まさしく朗報です。「ありがとうございます」と私は深々と頭を下げました。

次の日の朝、私は意気揚々と北沢酒店に向かい、ディライトスイッチを紹介しました。

「ありがとうな」

店主と奥さんはさぞ喜んでくれると思ったのですが、私が期待したほどの反応ではありません。

「そんな機械があるなんて便利な世の中だなぁ、本当にありがとう」

「じゃあ、取り付けてきますね」と店の外に向かおうとしたところ、店主からこう言われました。

「あんたが毎日来なくなると寂しいなぁ。本音を言えば、あんたのところの品は結構売れはするが、他よりも卸値は高いし、やっていることも他とさほど違いがある訳じゃない。でも、商売はそんなことで良し悪しが決まるものじゃない。大事なのはいろいろな条件をくれたりすることよりも、お店の商売のことを一緒に考えてくれて、それをやってくれることだ。あんたが毎朝来てくれる。そのことが一番なんだ」

思いもよらない店主の言葉に、嬉しいというよりも驚きが勝り、茫然と立ったままでした。そう言えばここ数ヵ月は値段がどうだとか、条件はどうしたといった話はまったくありませんでした。正直に言えば、そこまで考えてやっていた訳ではありません。小さな困りごとをなんとかできればと思っただけです。それも「朝、自販機の蛍光灯のスイッチを切る」だけのことです。


「他よりも安い金額と他よりも良い条件。これだけで仕事をするならば営業担当はいらない」

営業はよくこんなふうに言われますが、ではどんなことをすれば良いのかは誰も教えてくれません。今回のことはその回答の一部でしかないのかもしれませんが、取引先が営業に対して本当に求めているものは「他よりも良い取引条件」だけではないことを教えてくれたように思います。

「敬店愛品」

その日は目が覚めた布団の中からでも強い雨が降っていることがわかる朝でした。外回りの配達を抱えるルート営業にとって、雨の日はなんとも言えず憂鬱な気持ちになります。朝礼を済ませ、一通り準備を終えたら着替えの制服を助手席に載せて、タオルを首に巻いて出発です。何軒かの店を回り、依岡酒販店に来ました。

市内でも比較的大きな規模で事業を展開していますが、私たちには少々風当たりが強く、いわゆるアンチ・コカ・コーラのお店です。その日は雨も降っているので、注文の製品をトラックから降ろし、お腹に抱えながら足早に倉庫へと運び入れました。事務所の入り口でいつものように事務員さんに伝票を渡そうとしていたその時、奥から社長が私を呼びます。

「おい、こっちに来てくれるか」

少し躊躇する私。なぜなら私は全身ずぶ濡れ状態です。水滴が床を濡らしてしまうと掃除するのが大変ですから「はい。いえ……、ここで……」と言い終わらぬうちに「何をしているんだ。早く来い」との次の声が飛びます。

私は社長の言葉のまま彼のデスクの前まで進みます。

「君がこの前から勧めてくれていた自販機の件だが、あれ、買うことにしたよ。契約するから用意してくれるか」

「はあぁ」と私。なんとも狐につままれたような話です。これまで何度も提案書をつくって勧めていたのですが、けんもほろろの状態で取り付く島もありませんでした。私たちの会社の条件は他社のものより大きく見劣りし、ましてや社長は我々のアンチです。時には厳しい口調で「あんたのところは……」と説教めいた話も聞かされます。動揺している私に社長が続けます。

「わしの席からは窓越しに配達する業者の様子が見えるんじゃが、君は商品が雨に濡れないようにとお腹に抱えて持ってきた。ところが他の会社の配達は商品を雨除け代わりに頭の上にして倉庫に運び入れているじゃないか。それは商品を大事にしていないどころか、わしら取引先のことを大切に思っていないということじゃ。君は商品が雨に濡れないようにと大事に抱えて持ってきた。わしはそういう人間と商売がしたいんじゃ」

事務員さんが横からタオルを渡してくれました。

「まぁ、ずぶ濡れねぇ。風邪を引かないようにね」

私の目からは大粒の涙がこぼれていましたが、気づかれないように頭からしたたる水滴を拭き取りながらタオルに顔をうずめました。

稲盛和夫さんがよく仰っていた「敬天愛人」という西郷隆盛の言葉があります。これは「日ごろから修養を怠らず、天を敬い、人を愛する境地に到達することが大切である」ということを説いています。

私たちは、「お店を敬い、自分たちの商品を愛する」という「敬店愛品」という言葉を使っていました。この思いこそが営業です。それを人は必ず見ています。

ありがたい叱り方

すし安は頑固を絵に描いたような主人とそれに負けないくらい気の強い奥さんがやっているお寿司屋さんです。以前から私たちをひいきにしてくれており、店の駐車場にはもう何代目かの自販機が設置されています。

しかし、少々気難しいところがあり、出入りの業者の言葉遣いや商品の扱い方、訪問した時のクルマの停め方など気に入らないことがあると、凄い剣幕で怒られます。

業者同士でよく話をするのですが、どのあたりが怒りの引き金になるのかよくわかりません。こちらは普通に話しているつもりでも、突然へそを曲げたりするのでなかなか厄介です。

今日は一日中雨でした。びしょびしょに濡れながらのルート回りを終え、事務所で日報を書いていると、「おーい、電話だぞ」と私を呼ぶ声が聞こえます。「はいはい」と受話器を取るとすし安の奥さんからです。「はて、なんだろう。昼過ぎにお伺いして注文の商品を置いてきたばかりだけど」と思いつつ、用件を伺います。

「主人が凄く怒っているのよ。私も同じだけど、あんたどういうつもり？」

一気に背筋が凍り付きます。

「何をやっているのよ。雨に濡れた箱もあるし、床がびしょびしょじゃない。ちょっと店まで見に来なさい」

怒られるようなことをしていないし、納品した商品も濡らさないように運んだので、クレームになるようなことはないはず。状況を飲み込めません。でもまずはお店に伺わざるを得ない状況です。受話器を置くと思わずため息が漏れ、天井を仰ぎます。

「どうした、深刻な顔をして」

電話のやり取りの様子を横で見ていた土居さんです。

「じつはすし安さんから……」

話の内容を伝えます。

「そうか、そりゃ大変だな。でも、お前はちゃんとやってきたんだな。それは間違いないか」

「はい、怒られるようなことは何もないと思います」

「よし、じゃあ、一緒に店まで行ってやるから乗せてってくれ」

「え、いいんですか。でも、土居さんには関係のない話なので……」

「いいから一緒に行こう。ほら、遅くなるとそれだけで怒られネタが一つ増えるぞ」

早々にクルマを出して二人ですし安に向かいます。やれやれという気持ちともう暗くなりかけているこの時間にお店に行ってくれる土居さんへの申し訳なさが入り交じり、なんとも言えない感情がこみ上げてきます。お店までもうすぐです。その時に土居さんから一言。

「いいか。お前の言う通りならこちらに非があるとは思っていない。でも、俺は先輩としてお店でお前を思い切り叱る。思い切りだぞ。お前も覚悟して叱られろ」

何を言っているのかさっぱりわかりません。非がないのなら、怒鳴られる筋合いもないのではないか。土居さんからそんな話を聞かされながら、すし安に到着です。

二人で店に入ると主人が開口一番、「お前のところはなんだぁ。倉庫を見てこい」との怒鳴り声が飛んできます。奥さんと三人で倉庫に行ってみると、私が納品したあたりに水がしみ出し、商品も濡れています。「これはないよね」と奥さんが隣でつぶやくようにこちらを見ます。

よく見るとウチの商品ではなく、他の業者が入れたものが水浸しで、それでこちらの在庫スペースが同じ状態になっているように見えます。土居さんだけでなく、奥さんもその時に気がついたようです。「これはウチじゃなくて、後から納品した他の業者の品が濡れて……」と私が説明しようとすると、突然、土居さんが私を怒鳴りつけます。

「こらぁ、何だぁこれは。こんなことをしたらお店にどれだけ迷惑が掛かると思うんだ」

もの凄い迫力です。思わず肩をすくめますが、私以上に奥さんが土居さんの剣幕に驚いた様子です。そうこうしているうちに主人もやってきました。間髪入れず土居さんが怒鳴り続けます。

「だいたい、お前がきちんと整理しておけば、こんなことにならなかったんだ。我々の仕事はこんなんじゃダメだ。ちゃんと謝れ！　すぐに、片づけろ」

それからも土居さんは厳しく私を叱りつけます。私は「申し訳ありません。以後こういうことのないように気をつけます」と平謝りです。主人と奥さんに深々と頭を下げて、二人で片づけに取り掛かります。腕組みをしている主人の傍らで、奥さんは事情を察してきまり悪そうにこちらを見ています。在庫スペースを片づけて店を後にします。営業所に帰るクルマの中で、土居さんが話しかけてきます。

「どうだ、気分は。これでしっかりと我々の姿勢が相手に伝わったから、まぁ良しとしよう」

「良しなんですか。正直きつかったです。事前に『覚悟して叱られろ』と言われていたからなんとか耐えられましたが、そうでなかったら『なんでこんなことを言われるんだ』とさらに落ち込んでいますよ。第一、こちらに落ち度がある訳ではないですから」

この状況に釈然とせず文句も言いたくなります。土居さんは「悪い、悪い。でも、これで一番いいかたちで収まったから勘弁しろ」と涼しい顔をしています。

そう言われても何がなんだかわかりません。まぁ、すし安の怒りも収まったからいいかとひとまずホッとしてクルマを走らせます。


翌週、すし安の訪問日です。前回の件があるのでなんとなく敷居が高いのですが、伺わない訳にはいきません。店のドアを開けると奥さんがいます。「また、何か言われるかなぁ」と内心落ち着きません。

「先週は悪かったわね。先輩の方、あんなにきつく叱らなくてもいいのにね。だから若い人たちがついてこないのよ。それにしてもあなたのところは本当に仕事に対して厳しいのね。びっくりしちゃった」

あれ、様子がおかしいぞ。いつの間にか私の味方になっているような感じです。

「あの後、主人と二人であんたに悪いことしちゃったと話していたのよ。でも主人は『ちょっと叱り過ぎだけど、あれだけ厳しい先輩がいるからちゃんと仕事ができるようになるんだ』なんて言い出して、こちらの勘違いを謝らないのよ。ごめんなさいね」

「いえ、いえ、とんでもない。きちんとできていなかったこちらにも原因があるので……」と曖昧に返します。

なるほど土居さんが「覚悟して叱られろ」「一番いいかたちで収まったから勘弁しろ」と言った意味がわかりました。あの場で私が「これはそちらの勘違いです」と説明しても、火に油を注ぐようになってしまい、おそらく上手く収まらなかったと思います。

また、土居さんが凄い剣幕で私を叱ったのは、私たちの仕事に対する姿勢をお客様の目の前でしっかり伝えるいい機会だと考えたからではないかと思います。そのことがお二人の言葉からも窺えます。

営業先で先輩からあれほど厳しく叱られたのは、後にも先にもこの時だけです。それはちょっとしたお芝居のような感じでした。でも、お客様にとってもこちらにとっても、ありがたい叱り方をしてくれたといまでも思っています。

上司は〝偉い〟のではなく役割が違うだけ

どこの会社でも組織階層というものがありますが、他と同じく私たちの営業所でも営業所長がトップです。さらに私たちの会社には地区統轄部という上位組織があり、そこには営業所を束ねる統轄部長がいます。

この役職になるとあまり営業所で顔を見ることはありません。しかし、小林統轄部長は少しばかり他の管理職と違っていました。頻繁に営業所にやってくるのです。それどころか私たちと同じ制服に着替えて、セールスマンと一緒にトラックに乗り込み、製品を運び、取引先の倉庫を掃除するのです。

ある時、私が得意先に向かう途中、酒屋の軒先で「なんだか歳をとったセールスマンが自販機を磨いているなぁ」と思いながら、走るクルマからその姿をよく見てみると、小林部長だったのでびっくりしたことがありました。ときどき、自分のクルマでも街中を走って、お店の中にまで入っていき、売り場の様子を見ながら売り場の担当者とも話をします。それだけに現場のことをじつによく知っているのです。

この姿勢は営業所で働く人たちに対しても変わりません。事務のスタッフ、清掃をしている方など、誰彼となく話しかけます。時には若いセールスマンが半ば感情的になりながら仕事の不満をぶつけてもうなずきながら話を聞いています。現場の声がしっかりと届いているのです。このため、小林部長の指摘やアドバイスはじつに明快で、仕事に対するアドバイスもポイントを外すことはありません。

一方で営業所の中にはいろいろな人がいます。ある先輩は「俺の言うことが聞けないのか」といった高圧的な態度です。時には周りの意見を無視して自分の都合をゴリ押ししてきます。こういった人に対して積極的に何かをしてあげようという姿勢の人は皆無です。このため大切な情報は入ってこず、時には必要なものであっても滞りがちになってしまいます。

こうしたことは役職の高い低いだけでなく、先輩と後輩や年長者と年少者の間でも同じように起こります。どこの会社でも組織で仕事が進められているので構造的には変わりません。小林部長とこの先輩の大きな違いとして、役職と役割に対する理解と行動の違いがあります。

今日は小林部長と同乗の日です。今日はクルマの中でも緊張し続けることになりそうです。移動中のクルマの中で部長が話しかけてきます。

「わしは部長でも偉いとは思っとらんのじゃ。会社の中の役割として振られているだけで人の能力の優劣を決めるものではない。よくデスクに一日中座って偉そうにしている人がいるが、それでは本当の仕事はできん。実際に現場に行ってこそ何をすればいいかがわかる。現場で起こっていることと、そこにおる人が何を考えているのかを知ることが重要じゃ。なぜなら、そこがわし等の商品を買っていただくための原点じゃからな」

さらにいままでもよく覚えている言葉が続きました。

「会社では上の役職になると自分がちょっとばかり偉くなったように思えてくる。じゃが、それは違う。上司は〝偉い〟のではなく役割が〝違う〟というだけじゃ。職位の高さは〝偉さ〟ではなく、役割の〝違い〟だけだということを会社の中で働く者は知っておかんといかんぞ」

私のレベルには合わないお話でしたが、この言葉は現在でも、仕事に対する私の考え方となっています。どのような仕事に就いても「自分の役割」を起点に考えることで、さまざまな人と何かを進める際に考え方で衝突することはあっても、上位者だからという意識で臨むことはなくなります。それだけで周りの人の力が仕事を前に進めてくれることもあります。

小林部長は定年と同時に地元の酒造会社の営業部門に迎え入れられました。その会社は現役時代の部長のことをよく知っており、早く来て欲しいと願っていたそうです。

人が本当に評価してくれるのは職位ではなく、それにふさわしい行動をしているかどうかです。業界が変わっても仕事で大切なものは同じなのだと改めて思います。営業現場ではじつに多くのことを学ぶことができます。

3　相手のことを考える

営業のプライドの置き所

人はみんな多少の違いはあっても何かしらのプライドを持っています。「これだけは譲れない」「そういう考え方は許せない」「この姿勢だけは持ち続ける」といったものですが、これが営業における商談や交渉事において結構足を引っ張ります。

営業所の某先輩と商談に行った時のこと。いきなり先方の担当者が開口一番「あんたのところは自販機も商品も高い。もっと安く卸してくれないと儲けなんか出せっこないじゃないか」と前回渡した見積書を突き返してきます。

さらに「あんたは商売ってのがわかっているのか」と。その言葉に先輩も熱くなったのか「ちゃんとした原料を使って、質のいいものをつくっているんだから、このくらいの卸値になるのは当たり前。私はあんたのところに儲けさせたくてこの話をしたんだ。やってもいないうちから儲けが出ないなんてわからないだろう」と言い返しました。ほとんど売り言葉に買い言葉の応酬が始まり、もはや商談の体をなしていません。当然のことながら交渉決裂です。

店を出て、次に向かうクルマの中で先輩が私に話しかけます。

「あの言い方はないよな。せっかくいい話を持って行ったのに。ものには言いようがあるだろう。そう思わないか」

「はぁ、そうですね」

私は曖昧な返事を返しながら「この人から自販機を買ってくれる店があるんだろうか」との思いが頭をよぎりました。

別の日、今度は同じ営業所の石元さんと同行です。石元さんは毎年、自販機の設置台数で上位の成績を収め、販売目標も常にクリアしている実力者ですが、少し気難しい印象もあり、社内では距離を置いている人が多い人です。ですから石元さんとの同行は私も少し緊張していました。

店に着くと、石元さんはいつもの穏やかな口調で相手に話しかけます。

「今日は、いいご返事が聞けそうな感じですね」

「この自販機、結構するなぁ。おまけにあんたのところは卸値も高いし、こりゃ全然利益なんか出そうにないわなぁ」と先方はつれない返事。

おや、このやり取り、どこかで見たぞ。すると石元さんはこう応じました。

「そうですね。自販機自体は決して安くはないですね。でも、人を雇うとなるとこの金額では済まないですよね。他にもいろいろと気を配らなければならないことも出てくるので大変です。でも、自販機は一言も文句も言わずに二四時間働いてくれますし……」

「そんなことはわかっているよ！」

先方は強い口調で切り返してきます。

「そうですよね。おまけに商品の卸値も他社よりも高いんだったら、そりゃ躊躇しますよね。そこをなんとかしないと辛いですよね」と石元さんは柔らかく応えます。

そのやり取りを横から見ているとあることに気づきます。石元さんは相手の言葉をはね返さず、いつの間にか相手の「なんとかならないか」という悩みを一緒に解決するパートナーのような存在になっているのです。

先日の先輩のとった行動は相手の意見に反論を述べ、いかにこちらの考える正当性を伝えるのかに終始しており、主張と主張がぶつかり合う状況は、傍から見ていると正面から向かい合う戦いのようにも感じます。

石元さんの商談にはそのぶつかり合いがまったく感じられません。「なるほど」と相手の言葉にうなずきながら、「じゃあ、ここが気がかりなんですね」と親身になって話しかけます。

「自販機は確かに高い買い物ですが、今後、何年もお店の優秀な販売員となり、さらにこの機能は……」と相手の懸念点に一つひとつ丁寧に応え、それを上回る利点を物語のように聞かせてくれます。

「確かに商品は他よりも高いですが、どんなに利幅があっても肝心の商品が売れなくては意味がありません。もっと売れるように私たちも一緒になって努力しています」

こんなふうに、聞いていてワクワクするような話をしてくれるのです。

契約書に捺印してもらい、帰りの道すがら、石元さんが私に話しかけます。

「営業は売っているんじゃない。買っていただいているんだ。『買う・買わない』を決めるのはこちらじゃない、先方だ。そもそも自分を言い負かす人から商品を買おうとは思わない。お前だってそうだろう。自分のことを思ってくれる相手だから、買おうという気になるんだ。俺たちはナンバーワンの製品を扱っているということと、会社の最前線の営業を担っているというプライドは持っていなくちゃいけない。でも、ここだけは拘っている点だから譲れないというような安っぽいプライドを営業現場に持ってくるんじゃない。俺のプライドはそこにはない」

この日に学んだ「プライドをどこに置くのか」という考えは、その後の私のキャリアを歩むうえで大きな力になっています。

人は自分事で動く

営業の仕事でよく誤解されることの一つに「話が上手い人が好成績を挙げる」というものがあります。立て板に水の流暢なトークでさまざまな利点を述べ、相手を上手く説得することが営業担当者として最も重要なスキルのように見えますが、実際の現場では必ずしもそうではないことがわかります。

営業所には、その名の通り営業する部隊が集まっているのですが、ずっと同じメンバーでやっているとどうしてもやり方がマンネリ化してしまい、日々の活動に起伏がなくなってしまいがちです。

そこで会社も考えたもので、何かしらの強化期間を設け、梅雨明けだ、年末だ、といった適当なテーマを掲げ、よそから複数の選抜メンバーを営業所に招き、何々販売クルーといった即席の営業チームを編成して、我々に活を入れに掛かります。強化期間中は朝から所長の檄が飛び、一人ひとり「今日は絶対目標を達成してくるぞ！」と掛け声を上げ、いつもとは違ったプレッシャーを背負って二人一組のクルーが営業所を後にします。

その日、私のパートナーは古賀さんという方でした。松山の営業所から来た古賀さんはどちらかと言えば控えめな印象の方ですが、自販機の販売ランキングでは常に上位に名前が挙がる人で、私も彼と同行すると聞いた時は少し緊張したものです。

見込み客のところに向かってクルマを運転する私の傍らで、助手席の窓から普段とは違う街並みを眺めている古賀さんは、本当にどこかの物静かなおじさんといったふうで、車内での二人の会話もたいして弾みません。それでも、上手くかみ合わない言葉を交わしながらも、私は内心興味津々です。

飛び込み営業では相手がどんな人なのかわかりません。瞬時に「相手はこんな人だろう」とあたりをつけ、それに合った話し方をしつつ、相手が興味を引きそうなポイントを探りながら商談を進めていきます。私たちも二人で商談をスタートさせるのですが、どうも古賀さんと私との息が合いません。古賀さんは売り込んでいる相手にぽつりぽつりと言葉を並べるだけで、あとはほとんど相手の話を聴いて、ときどきうなずくだけです。彼の発する言葉は、新人の私が聞いてもたどたどしく、もう少し上手い言い回しがあるだろうと思ってしまうほどです。

しかし、相手の反応は違います。古賀さんの言葉を受け取ると、少し間をおいて返事をします。その返事の端々に柔らかな同意の言葉が混じっています。

その日は見込み客を一〇件ほど訪問したのですが、その半分ほどで契約をもらうという好結果を得ることができました。高額な自販機の契約です。なんとも不思議な気分です。

期間中、ペアを組む相手は毎日替わります。いつもとは違う人と仕事をすることはそれなりの刺激を受けるので、こちらとしても何かしらのプラスがあります。

今日は渡部さんという賑やかな人がパートナーです。結構なおしゃべりで、隣に座っている間中、ずっと私に話しかけてきます。まさしく当時の私が思い描いていた典型的な営業マンでした。

目指す店に着き、早速売り込みが始まります。渡部さんは自販機のカタログを相手に渡し、いつものペースで機材の素晴らしい機能、売り上げがどのくらいアップするのかといった予測を語ります。多少早口ながらも前日の古賀さんとはまったく違う滑らかな口調は、横で聞いていてもじつにスマートです。

しかし、相手の反応はそれほどでもありません。ときどきカタログに目をやることはあってもどこか上の空。明らかに早く話を終わらせたい様子が伝わってきます。

前日を上回る件数を回ったにもかかわらず、その日は一件も契約が取れずに終わりました。助手席の渡部さんは「まぁ、こんな日もあるか」と話しかけてきます。

私はぼんやりとフロントガラスの向こう側を見ながら、昨日の古賀さんよりも流暢に話ができる渡部さんのほうが契約に結び付かないのはなぜだろうと考えていました。

二人の言葉の一つひとつを思い出しながら、ふと話していることの違いに気づきました。渡部さんは機材の性能の素晴らしさやそれによってお店の売り上げが上がることを一生懸命説明していたのですが、古賀さんは機材を設置することによって、相手にどんな嬉しいことが起こるのかを少ない言葉で伝え、私たちが売り込んでいる自販機に投資することへの不安や疑問に耳を傾けることに多くの時間を費やしていたのです。

もちろん不安をきちんと払拭できないこともありますし、明快な回答をすることができないものもあります。時には「そうですね……」と言って口籠ることもあります。そんな時も古賀さんは相手と共に押し黙って考えています。なんとも言えない空気が漂いますが、それほど重たいものでもありません。なぜなら相手と同じことを思い、なんとかしようと相手の立場で考え、一緒の方向を向いている雰囲気がそこにあるからです。売り手と買い手の関係ではなく、さながら協働関係のような空気すら感じられます。


よく「人は自分事でないと動かない」と言われます。かたちとして営業はモノやサービスを相手に売り込むのですが、相手が「買う・買わない」を決めるのは結局、相手の「自分事」に対して、営業がどれだけ応えることができるのかに尽きるように思います。

古賀さんの話し方は不器用ですが、彼と一緒の営業現場ではそれさえも素敵に思えてきます。

自分の都合ではなく相手の立場で考える

取引先にはさまざまな人がいます。私たちのようなルート営業でも、飛び込み営業でも、違ったタイプの人たちに「どうやって自分たちを受け入れてもらうのか」を考えるところから営業が始まります。

しかし、お互い人間なので相性というものがあります。気楽に話せる店主もいれば、何が気に食わないのか、最初からきつい口調で迫ってきたり、こちらを見下したような物言いをしたりする人もいます。営業に限らず仕事をする以上は、人間関係を損なうわけにはいきません。このため時には我慢を強いられることもあります。多少嫌なことを言われても、上手く受け流し、「小さな否定を大きな肯定で飲み込む」イメージで対応します。それを踏まえてまずは相手に受け入れられることから営業がスタートします。

小野寺酒店は一週間のルート編成の最後に訪問するお店でした。いわゆるパパママショップと呼ばれるところで、ご夫婦と息子さんの三人が宅配から居酒屋、飲食店との取引などを行う、小さいながらも幅広く営む酒販店です。このため手が足りないのが傍目でもわかります。とにかく倉庫はひどい散らかりようです。品物を取り出した後の段ボール箱がそのまま投げ出され、取引先の飲食店から回収してきたビールや酒の瓶があちらこちらに散らばっています。飲み残しがあるビール瓶からは結構な匂いもあり、倉庫のシャッターを開けるのが毎回苦痛でした。

このご夫婦も息子さんもなぜか私に冷たいのです。私のどこが気に食わないのか、こちらが話しかけてもそっけない返事だけです。

そんな状況でも倉庫に行かなければならないのは、そこに私たちの商品がストックされており、置き場を確保しないと注文がもらえないからです。新人の私はたいしたセールストークも持っていません。このため、毎週末の私の仕事は注文をもらうために店の倉庫を片づけて、自分たちの商品の在庫スペースを空け、品物を置いてくることになっていました。

しかし、先方にも少なからずプライドがあります。このあたりのさじ加減が難しいのですが、「汚いからやっている」といった空気感が少しでも相手に伝わると、「頼んでもいないのに余計なことをするな！」ということになり、注文をいただくどころではなくなってしまいます。

あくまでも「ちょっと片づけさせていただきますね」といったふうにとどめなければなりません。実際は掃除を終えるまでに一時間ほど掛かり、その結果得られる数ケースの注文とのバランスを考えると割に合わないのですが、そのうち良い関係になれると思って続けていました。

ある日のこと、普段通りにシャッターを開けるといつにも増して凄い状態です。思わず「これは汚いなあ」という一言が漏れ、落胆の表情になってしまいます。ところがそんな日に限って倉庫の中に息子さんがいて、ばったりと目が合ってしまいました。息子さんから「嫌なら無理して片づけなくていいよ。今日は注文ないから」との厳しい言葉を浴び、その日はすごすごと店を後にしました。

営業所に帰って、同僚にこのことを話すと「気にするな」と励まされましたが、横で聞いていた先輩の和田さんが話しかけてきました。

「それってお店のためにやっていたのか、それとも単に商品を買ってもらいたいためにやっていたのか、ちょっと考えてみろ。もしお前が商品を買ってもらいたいためにやっていたのなら、それはお店にとって失礼なことだぞ。俺がそこの店主なら掃除をしてくれても全然嬉しくはない。ちょっとばかり倉庫はきれいになるかもしれないけど。

こちらがよかれではなく、相手にとって嬉しいことかどうかを考えることが大事なんだ。それがわかっていないとこれから先も同じことが起こるぞ」

その時は気を悪くしましたが、少し頭を冷やして考えると確かにその通りです。私は「とにかく商品を買って欲しい」が真っ先にきて、その場所取りのために行っていただけなのかもしれません。掃除をしてくれた相手から売り込みを受けると、断り難いといった負い目のようなものを相手に与えてしまうことにもなりかねません。

「自分の都合ではなく、相手の立場で考える」という子供の頃から言われている基本的なことができてこそ、良好な関係がつくれるということです。苦い薬となりましたが大切な学びとなりました。

自分たちの行動はどこからくるものなのか。相手はそれを敏感に感じ取るものです。

ゴールは取引先と一緒に目指す

営業の仕事のノルマは、取引先であるお店に商品をより多く売っていただくことで達成することができます。達成するにはより多く売れる仕組みをつくれるかどうかが鍵となります。お店の倉庫に大量納品するのがゴールではありません。そこから先のお客様に買っていただくことこそが重要なのです。そのために多くの企業と同様、清涼飲料メーカーでも広告やプロモーションといった販売促進活動を展開し、そこまでやるのかといった努力を重ねているのです。

清涼飲料の場合、自販機と並んで大きな力となるのが自社のトレードマークの入った飲料のクーラー（冷蔵庫）です。これがあるのとないのとでは売り上げが大きく変わってきます。当時から飲料をクーラーで冷やして売るのは当たり前でしたが、トレードマークの入ったクーラーで美味しそうに冷えている飲料が並んでいると、それだけで売り上げが格段に違ってくるのです。

このため現場では自販機に併せて、クーラーの売り込みにも熱が入ります。一軒ごとの売り上げが向上するということは、そのまま自分の営業成績がアップすることにもつながり、社内での自分に対する評価も変わってきます。しかし、販売機材は無償ではありません。当時は軽自動車が買えるくらいの価格のものもあり、お店に対してそれなりの負担をお願いすることになります。

機材を設置すれば売り上げがアップすることがわかっていても、「はい、そうですか」と簡単に設置を承諾されることはありません。そのため、会社も販売機材の設置に奨励金を出したり、表彰制度を設けたりと一台でも多く設置するよう社員に働きかけ、時には結構なプレッシャーが上司からかけられます。

まだ入社間もない私にとってもその状況は変わりません。朝礼で「今日は絶対一台成約してくるぞ！」と全員で唱和してから営業所を出発するのですが、少し前まで学生だった自分にそんな高額な機材をお店に買っていただくノウハウなどありません。たいていパンフレットを渡すだけで終わり、「後で見とくよ」とのそっけない一言でポイとそのあたりに渡したままの状態で捨て置かれるのが毎回のパターンでした。

そんなある日、谷口商店というお店の奥さんにクーラーのカタログを渡したところ、「うーん、冷蔵庫ねぇ、いまのものが随分と古くなったので替えてもいいかしら」という返事。これはチャンスだと思い、懸命にクーラーを置くことのメリットを伝えたところ、「じゃあ、買おうかしら」というところまで漕ぎつけることができました。

そこで素直に話を締めくくればよかったのですが、私の中に欲が生まれました。もう一ランク大きなものを設置できるのではないかという欲です。大きいサイズであれば、その分多くの飲料を入れることができ、もっと売り上げアップにつながるという発想です。営業所に帰れば、「こんな大型のクーラーを売ってきたのか。偉いぞ！」と上司から褒められるに違いありません。

難色を示す奥さんに「ここを片づければ、大型でも問題ありません。何よりもお店の売り上げが格段に違ってきますから」と強く勧め、不承不承の契約をとることができました。私は意気揚々と営業所に帰ってきました。上司から褒められ、一人ひとりの成績を示す壁の表に成約のシールを張り付け、得意満面でした。

しかし、ここから本当の苦労の始まりです。

片づければなんとか設置できるはずの店内の設置場所が、息子さんの反対でなかなか空けることができません。

その後も話は進まず、春先に契約をもらったクーラーは夏場になってもお店に搬入することができません。営業所の倉庫脇に置いてあるので雨風の影響で梱包も少し傷みが出てきています。

息子さんを交えて何度も説得にあたり、秋口にやっと設置することができましたが、その後も「クーラーが大きすぎて店内が暗くなった。じゃまだ」と散々の評価を浴びることになりました。

この出来事を通じて私は、「ゴールは自分のためではなく、取引先のためであること。それを誤ると誰も幸せになれない」ということを実感したのです。

お金の重さ

下田酒店は老夫婦で営む小さなお店です。お二人とも優しいというか、人が良いというか、お客さんだけではなく私たち営業の人間に対しても穏やかに接してくれます。酒店といってもお酒だけではなく、野菜を始め生鮮食品も扱っているので、高齢ながらもお二人はいつも仕入れ、配達と忙しく働いており、飲料の発注から店内の商品陳列まですべて私たち任せです。そんなふうですから、ほとんどの業者が自分たちの都合で品物を置いていきます。

このため店内の商品は山のようになっています。売り場は雑然とした感じが否めず、随分と古い商品が店の奥に積まれたままになっていたり、もう何年も前に取り付けられたようなポスターがくすんでそのままになっていたりしています。

それでもお二人はそんな状況をまったく意に介していないようです。私が訪問した際も、納品を終えて伝票を差し出すと何も言わずに古いレジ機を開けて、お金を集めて渡してくれます。

こういったお店なので月末の目標達成が苦しい時は、在庫過多だとわかっていても必要以上に置いてしまいます。気がつけば、小さなお店にもかかわらず、ちょっとしたスーパー並みの在庫量になっていました。

今日も伺うと、「今週も頑張っているね。いつもありがとう」と奥さんが優しく声を掛けてくれます。その言葉に助けられつつも、正直なところ少しばかりの申し訳なさを感じていました。

そんななか、自販機販売の設置強化月間がスタートしました。今回の目玉は、小型の缶から大容量のペットボトルまで搭載できる多機能の超大型自販機です。店内で扱っている飲料のほぼすべてを販売することができる優れものですが、かなりの価格です。営業所に割り当てられる台数にも限りがあり、採算ペースを考えると設置場所は慎重に選ばなければなりません。

しかし、私の販売機材の設置成績はまったく振るわず、最下位を競っています。なんとかしなければと焦りますが、こんな時ほどあがいても上手くいかないものです。本当に困った、どこか売り込み先はないだろうか。ふと下田酒店が思い浮かびました。

「そうだ、あそこなら買ってくれるかもしれない。今回の大型機を置けば在庫も一気に片づけられそうだ」

早速、翌日に訪問です。ご主人と奥さんを前にカタログを広げ、大型機を設置することのメリットを懸命に伝えます。その間、お二人はじっと私の話を聴いてくれています。一〇分ほど話したところで、奥さんが「あなたが、そんなに熱心に勧めるものなら、それほど悪いものではないんでしょうね。設置してもいいけど、凄く高いねぇ。本当に大丈夫かしら」と承諾はしてくれましたが少し不安げです。ご主人は黙って奥さんのほうを見ています。結局、奥さんの判断でその超大型自販機は店頭に置かれることとなりました。

契約にはクレジットによる割賦販売と現金による一括払いがあります。私は負担が掛からないよう、月々の売り上げの中から返済するクレジットを勧めたのですが、奥さんからは「借金するのは好きじゃないから、現金で支払いますよ」との返事をいただき、お店を後にしました。

営業所に帰るとマネジャーがやってきて「よくやったな、凄いじゃないか」と一言。同僚の驚く顔を見ながら、その日は久しぶりになんとも言えない達成感を味わうことができました。

そして自販機の代金を受け取る日。いつも通り少し離れたところにクルマを停めて店に向かいました。

店の入り口のすぐ横にはレジを置いている小さな台があり、そこが奥さんの定位置です。

領収書の金額を見せて「よろしくお願いします」と伝えたところ、奥さんは傍らの箱から小さなビニールで括られた一〇〇円玉が詰まった袋を出しはじめました。「この一袋で四八〇グラムなんだけど、これで一万円ちょうどになるんだよ」と一つひとつ丁寧に秤に載せ、重さを確認しながら私に渡してくれます。

買っていただいた自販機はクルマが買えるくらいの金額なので、一〇〇円玉の詰まった袋の数は少々の量ではありません。

「もし、足りなかったら言ってね。その分は払うからね」と奥さんから言われて店を後にしました。

営業所に戻り、ずしりと重い集金の布袋を抱えてコインカウンター（硬貨を数える機械）の前に座り、いただいたお金を数えている時に「自分は本当にあの老夫婦が積み重ねてきた頑張りに応えられることをしているのだろうか」という思いがこみ上げてきました。

一〇〇円玉の中には汚れて変色したものや黄ばんで曇ったビニール袋がまじり、結構な古さを感じさせるものもあります。老夫婦が毎日コツコツと働いてきた本当に長い間の商売の重みが、小さな袋の一つひとつに詰まっています。

営業は相手のことを思う気持ちが根底にあってこそ、仕事としてかたちになります。自販機が売れずなんとかしなければ……。多すぎる在庫をなんとかしなければ……。私を信じて自分たちの積み上げてきた大切なお金を出してくれた老夫婦に対して、私の考えや行動のどこに相手を思う気持ちがあるのでしょうか。自分のお客様、自分たちの商品を大切にしようという姿勢があったのでしょうか。そう思うといたたまれなくなりました。

「足りなかったら言ってね」

奥さんの言葉を思い出しながら、金額表示に目をやると、三〇〇〇円ほど多く入っていました。

その後、その自販機はなんとか採算をとれるペースで働いてくれました。それが唯一の救いでしたが、この時のことは営業活動を通じていただく対価、まさにお金の重さを知る経験となりました。

苦しい時に人間の本質が出るとよく言われますが、営業という仕事は苦しい時、如実にそれが表れる仕事ではないかと思います。

私たちの営業を支える「敬店愛品」という言葉とそれを自分事とする姿勢はどこにいったのか。下田酒店を通じて薄っぺらい自分に気づき、改めてその大切さを思い知りました。

営業は「売ってくる」のが仕事?

何事にも当てはまりますが、社会にいると当たり前なことがそうでなくなってきて、ごく常識的なことでもちょっとした違いに気づかなくなってしまうことがあります。営業の基本的な考えについても同じことが言えるように思います。

営業所での会話で私たちはよく「売ってくる」という言葉を使っていました。朝礼でも上司から「いいか、気合いを入れて売ってこいよ!」とハッパを掛けられますが、よく考えると製品を購入する、仕入れてくれるのは取引先である相手です。

正確には「売る」というより「買っていただく」ということです。強引に売ることはできるのかもしれませんが、それをやると単なる押し売りになってしまい、お客様との人間関係を損なってしまいます。

このことは他の仕事や人間関係にも当てはまります。自分の望むことをゴリ押しすると、結局は長くは続かず、上手くいかなくなるということです。そして、それは必ず自分のところに返ってきます。

しかし、皆が当たり前のように言葉を交わします。「今日はどのくらい売ってきたんだ」「おう、パーディ（一日当たりの売り上げ目標）分は売ってきたぞ」といった具合です。ここにちょっとした落とし穴があるのです。

私たちの営業の仕事はそれぞれ担当領域に区切られたルート営業です。そこの全体売り上げを伸ばすことが使命となっています。それにはこのエリアで製品を買っていただくための機材をいかに増やしていくのかが鍵となります。営業職に携わっていれば当然のことですが、この増設が結構なプレッシャーになります。

私の担当ルートには古くからの商店街があり、そこから少し離れたところにもぽつりぽつりと小さな商店が点在しています。こういったお店はかなり高齢の方が細々とやっているところが多く、小さなクーラーを置いて、ちょっとした雑貨や駄菓子と一緒にウチの飲料も置いてくれています。

お爺さんが一人でやっている山本商店もそんなお店の一つでした。当然ながら売り上げも多いとは言えません。

それでも大切なお客様ですから毎週の訪問は欠かせません。店から少し離れたところにクルマを停め、「今日はいかがですか」と軒先から声を掛けます。

「やぁ、いつも大変だなぁ。今日は注文がないけどちょっと座っていかんか」と。それではと店に入り、店内の丸椅子に腰を掛けます。「どうですか、そろそろ自販機でも置いてもっと楽に商売をしませんか」などといつもの通り軽く声を掛けます。

「いやぁ、わしも歳だし、そこまでしなくてもぼつぼつお客さんも来てくれるからこのままでいいよ」

訪問のたびに売り込んではいるもののなかなか色よい返事は聞かれません。

「そうですか。でもよろしければ考えておいてください。お店にとっても良いお話だと思います」

年老いた店主は軽くうなずくだけです。

山本商店と数メートル離れた道沿いに細木商店という同じようなお店があります。こちらも老夫婦が細々とたばこ店を営んでおり、その脇でちょっとした雑貨や食品も取り扱っていますが、私たちの商品の売れ具合も大差はありません。そんなある日、細木商店を訪ねたところ、ご夫婦がどこかの業者とカタログを挟んで真剣な面持ちで話をしています。様子を窺うと、どうやらたばこの自販機を新しいものに切り替えるようです。しばらくすると話がまとまったのか「それでは、来週には設置できると思います」とその業者は丁寧に頭を下げて出て行きました。

「たばこの自販機を新しくするのですか」

テーブルの上を片づけるお二人に話しかけます。

「いまのがもう随分と古くなったから入れ替えようと思ってね」

ご主人が応えてくれます。

「どうでしょう。この機会に飲料の自販機を置いてみませんか。新しいたばこの自販機と同時なら一気に売り上げアップが見込めますよ」

奥さんはすぐにダメだと手を横に振りますが、ご主人はまんざらでもなさそうです。早速、カタログを出して自販機の説明を始めましたが、一時間ほど話をしたところで気の進まない奥さんを説得しながら、ご主人が設置の承諾をしてくれました。

思いもよらない展開でしたが、タイミングを逃すことなく売ってきた自分も一人前の営業の仕事ができるようになったのではないかと自信にも似た気持ちがこみ上げてきます。すぐ近くの山本商店にも自販機の紹介をしていた手前、少し悪いかなとも思いましたが、千載一遇のチャンスを逃さないのも営業職の力量だと自分を納得させながら、クルマを走らせました。営業所に帰って「売ってきました」と報告します。

自販機を設置する当日。すでに設置も終わり、業者も引き揚げた細木商店にご挨拶に伺います。店頭にはピカピカの自販機が二台並んでおり、商店街から少し外れた路地ながらそこだけ少しあか抜けた感じがします。なんとも言えない達成感です。お二人に何度も御礼をして、次の店に向かいます。

次の店は山本商店です。山本商店に入ると店主がこちらを振り返ります。いつもよりも少し元気がありません。「どうされました」と伺うと、主人が少しずつ言葉を拾うように話し始めました。

「この店は、先に逝った婆さんと二人で始めたんじゃが、一人になったいまでもできるうちは続けようと思って細々とやってきたんじゃ。でも、そろそろ潮時かと思う」

「そんなことはないですよ。まだまだお元気じゃないですか」

「いやぁ、すぐ隣にたばこも売っている、雑貨もお菓子も飲み物も手軽に買えるお店があるのに、ウチに来てくれる客なんかありっこない。そう思わないかい」

店主は力なくこちらを見ます。正直ハッとしました。少ないながらもご主人は私たちの商品を買ってくれて、それをお客さんに届けてくれていたのですが、結果的に私がすぐ隣に自販機を売り込んだために、それを閉ざしてしまったことになったのです。

営業職に携わる以上、お店と自分たちが一緒に伸びていくためにはこういったことは日常的に起こります。私は細木商店がもっと良くなって欲しいと願っていたのですが、山本商店に迷惑を掛けようとは微塵も思っていませんでした。しかし、自分のやった行為は結局のところ一軒のお店を悲しませることになったのです。

そのとき、山本商店の主人がぽつりと言った言葉がいまでも忘れられません。

「泣く子も目を見る」

その場では言葉の意味がわからなかったので、営業所に帰ってどういうことを言っているのか調べました。

「泣いている子でも、目をあけて周囲の状況を見るものだ」といった状態から、「いくら思慮分別のない者でも、少しは時と場合を考えて振る舞うものだ」ということわざでした。それが私に向けられたものなのか、ご主人が自分に向けて言ったものなのか、いまでもわかりません。

きれいごとに聞こえるかもしれませんが、営業は自分たちの商品を通して人に幸せになってもらうことが仕事の目的だと思います。入社してからずっとそう教えられてきて、自分でもそう思っています。

しかし「売る」という姿勢ではそれを叶えることは難しいのではないかと思います。一方で、「買っていただく」という姿勢で自分たちの営業をどう進めていけば良いのかについても明快な答えは見つからないままです。

私が細木商店に自販機を売ったこと。それは自分たちにとっては当然のことです。しかし、喜ばれるお店と悲しませるお店をつくってしまった現実があります。ものごとはさまざまな矛盾を抱えながら、そのときどきの折り合いをつけて進めざるを得ません。

それでも考えながら仕事を進めるようになりました。それは「売っているのか」それとも「買っていただいているのか」を常々考えることです。

人を信頼することの難しさ

ルート営業では、任せられたエリアの店舗を決められた曜日ごとに訪問し、売り上げアップを図る活動をしますが、既存の取引先だけでは成長は望めません。そこで新規開拓をしますが、これが結構大変です。まったく知らないところに行って営業するので、取引を承諾してもらうまでの大変さはもちろんですが、取引が始まってからも大変さがない訳ではありません。

いつもの通りルートを回っていると、紅葉屋という喫茶店がオープンしているのが目につきました。お店の横にはちょっとしたスペースがあり、幹線道路沿いでもあり自販機を設置するには格好のロケーションです。早速クルマを停めてカタログを持って売り込みです。ドアを開けて挨拶をするとカウンター越しに店主とおぼしき中年の女性が応えてくれました。

「何ですか。ウチはもうコカ・コーラはメニューに入っていますよ」

少しぶっきらぼうですが、突き放すような言葉ではありません。脈はあるかなと思い話を切り出します。

「ありがとうございます。今日は別のお話でお伺いしました。お店の横のスペースを是非有効活用していただきたいと思いまして、自販機のご紹介に上がりました」

多くのところでけんもほろろに断られ早々に退却する羽目になるのですが、店主の反応は悪くありません。それではという店主の案内で奥の席に座り、カタログを挟んで売り込みがスタートです。

自販機の説明、取引がスタートしてからの流れ、同じようなロケーションでの自販機の売り上げ実績や他所の事例を挟みながら、店主の質問に答えていき、判断を伺います。

「わかりました。あなたは本気でウチのことを思って勧めてくれているようだからやってみましょう」

嬉しい言葉まで添えてもらい、契約ＯＫの返事です。設置の日程と納品の手順を説明し、契約書に印鑑をもらい、店を後にします。棚から牡丹餅のようですが、しっかりとした成果です。営業は大変なことが続きますが、こんなご褒美のようなこともあるのだと思わず顔がほころびます。

「運も実力のうち」、そんなことを考えながらクルマのハンドルを握ります。自販機は予定通りに設置され、いよいよ販売がスタートです。

しかし、それからが大変でした。契約まではスムーズにいったのですが、いざ取引が始まると店主の態度が豹変しました。自販機の代金どころか、納品した商品代すら支払いがありません。何度もお店に話に行きますが、「わかった、わかったから」の返事だけで一向にらちがあきません。

初めて会った時の丁寧な応対は影を潜め、辛辣な言葉も返ってきます。先輩や上司も心配して助け船を出し、何度か訪問してくれましたが、「契約をした者同士でないと話はできない」と追い返される始末です。

きちんとした契約なので、それなりの手段を取ることもできますが、そこまで踏み込むのも考えどころです。

結局自販機は撤去になり、納品も最初の一度だけという散々の結果となってしまいました。先輩からはお前には人を見る目がないと厳しく言われましたが、どうしてこういうことになったのかわからないままです。

中村酒店は下町の路地裏にある小さな酒屋さんです。そこでは角打《かくう》ち（酒屋さんの一角で購入したお酒をその場で飲むことができるスペース）を設けており、昼過ぎからちょっとした居酒屋のような賑やかさです。店構えも普通の酒屋さんとは少し違った雰囲気があり、奥まった一角に缶詰を肴に酔客が座る店内は、馴染みのお客さんでなければ、買い物に寄るにはちょっと勇気が必要なお店です。店は初老の奥さんとお婆さんと二人で切り盛りをしており、お世辞にもきれいとは言い難い店構えです。

今週の発注を伺いに店の引き戸を開けます。たばこ、お酒、缶詰を開いた匂いが入り混じる店内で奥さんが声を掛けてきます。

「冷蔵庫が冷えないのよ。ちょっと見てくれない？」

クーラー（冷蔵庫）のカバーを開いてコンプレッサーの具合を確かめます。修理に関する専門的な知識はありませんが、稼働していないことぐらいはわかります。ブレーカーは落ちていないか、電源はつながっているかと錆と埃が溜まったクーラーの下回りや後ろと大騒ぎで一通りの確認をします。やれやれ、今日はまだ回らなければならないお店があるのに手だけではなく制服にも汚れがびっしりです。

「冷却器が動いていませんね。メーカーに連絡したほうが良さそうです」

「困ったわね。冷蔵庫がなかったら、ウチは商売ができなくなっちゃうわ。なんとかしてくれない？」

そう言われてもそんなに都合良くは……。いや待てよ、営業所に下取りしてきたちょっといいクーラーがあるぞ。でも、勝手に判断できることではありません。

「うーむ、代わりの冷蔵庫ですね……」

「あんたのところで新しいのを買うから、それまでなんとか使えるのを持ってきてよ」

お婆さんからこちらの考えを見透かしたような声が掛かります。

「そうですか。ではちょっと営業所に確認してみます」

横から奥さんがその声を遮ります。

「新しいのを買う余裕はないからね。中古で十分。他に聞いてみたら」

すると今度はお婆さんがその声を遮ります。

「何、言っているのよ。ウチのためを思ってこんなに汚れるまでやってくれたんじゃない」

二人の口論が始まります。

「できるかどうかさっさと確認してちょうだい」

奥さんの話をそっちのけでお婆さんが私をせかします。

「ちょっと待ってください。営業所に連絡してみます」

なんとなく押し切られた感じですが、まずは電話を掛けます。受話器の向こうでマネジャーを呼んでくれている声が聞こえます。

「えっ、下取りのクーラーを使いたい。どういうことだ」

私は事のいきさつを話し、マネジャーが答えます。

「この前の紅葉屋の件があるだろう。大丈夫か。婆さんと娘さんの意見が違うんだろう。本当にウチのクーラーを入れてくれるのか。営業所にある下取りしたクーラーはそのまま店に設置はできないぞ！」

マネジャーの言うことはよくわかります。口約束ですから反故《ほご》にされることも考えられます。二人の意見も真逆です。他所から中古を入れてしまうことも十分に考えられます。それでもこのままでは店も困ってしまいます。

「大丈夫です。必ずウチから新しいのを入れてくれると思います。下取り機をなんとかしてくれませんか」

マネジャーは何度も私に念を押し、しぶしぶ承諾してくれました。下取りのクーラーは中村酒店に運び込まれ、店はいつも通りの賑やかさですが、肝心な話は進みません。お婆さんと奥さんの意見は平行線をたどったままで、一向に新しいクーラーを入れるということにはなりません。なにしろ店を運営する主導権は奥さんが握っているのですから。

また、私の見込み違いか。相変わらず読みが甘いなと嘆きにも似た気持ちのまま、今週の注文を伺いに店の引き戸を開けます。

「待たせたわね。新しいものを買うから申込書をちょうだい」

奥さんの声です。

「あんたはこっちを信用していろいろ手配してくれたんだよね。それはわかっているんだけどこちらにも都合があるからね。いろいろ考えたんだけど、買ってもいいかなということになったのよ」

胸のつかえが一気に下りる言葉です。世の中には、信頼できるか否かを正確に見極められる人がいるかもしれませんが、私にはその力はありません。

営業はお互いの信頼があってこそ成立します。相手を信頼するという思いは自分のためではなく、相手のことを考えるといったところから出てくるのではないかと思います。

人を信頼するのが難しいことはいまでも変わりませんが、営業は相手を信じるところから始まります。

本当に相手のことを考えるということ

営業に限らず、ビジネスは何らかのかたちで人に関わりながら進めていかざるを得ません。B2Bの組織同士のやり取りであっても同じです。そこで仕事をする一人ひとりの人間が相手です。どれだけ技術が進歩しても、仕事の環境が変わっても、これだけは変わりません。

そこに求められることは「どのように人を大切にして、関わっていくのか」ということだと思います。

ホワイトホテルは電車通りと繁華街に挟まれた一角にあるビジネスホテルで、駐車場脇にウチの自販機を設置してくれています。その横にプレハブの倉庫があり、そこが商品のストック場所でした。

ある日、営業所に外から連絡すると、ホワイトホテルから急な電話注文があり、他のルート担当の伊与木さんが商品を届けに行っているとのこと。少しまとまった数なので申し訳なく思い、取り急ぎ現地に急行しました。

駐車場脇にクルマを停め、自販機横の倉庫に向かいます。ちょうど、商品を降ろして運び入れているところです。ふと見ると伊与木さんと一緒に作業ズボンにランニングシャツを着た小太りのおじさんが商品を抱えています。

「はて、誰だろう」

よく見るとホワイトホテルの山田社長です。結構な数の商品に加え、炎天下での作業で汗びっしょりです。大急ぎで駆け寄り、「ありがとうございます、社長。申し訳ありません、ここからは私たちでやります」と選手交代です。

「え、社長⁉」

伊与木さんは目をまんまるにしています。シャツ姿のサンダル履きで駐車場の事務所で駐車券を整理していれば、普通は誰も社長とは思いません。「いやぁ、なかなかの数なのでちょっと手伝っていた」と笑って応えてくれます。

後で伊与木さんにいきさつを聞くと、倉庫脇の事務所にいた管理人のおじさんがちょっと手伝おうかと言ってくれたのでお願いしたそうです。

山田社長はこの風体でホテルのオフィスに入ってくるので、事務長の秋田さんからいつも叱られています。まるで娘から小言を言われるお父さんのようですが、山田社長は普段から私にもいろいろと声を掛けてくれます。彼が口癖のように言っていたのは「いいか、ホテル業でも何でも同じだが、『相手の立場に立って考える』のは当然だ。そこからもう一歩進んで本当に相手のことを考えてものごとをやるということだ。お前たちの仕事も同じだぞ」と。確かにその通りです。「じゃあ、社長。まずはその格好で事務所に入ることはやめてくださいね」と秋田さんから言われ、一緒に大笑いしていました。

それからしばらくして、事務所にお伺いした時のことです。

「社長のお姿を駐車場でもお見かけしませんがお忙しいのでしょうか。このところオフィスにも来られてないようですが……」

「じつはね。体調を崩して、いま入院しているのよ。あの体形だから、あちこち悪くて……」

秋田さんが少し困ったような表情で答えてくれます。そう言えばちょっと動いただけで大汗をかきながら肩で息をしていました。そんな社長を思い出します。

「よろしければお見舞いに顔を出してもいいでしょうか」

「ありがとう。喜ぶかもしれないけどお見舞いにお菓子とか持って行かないでね。甘いものは先生に止められているみたいだし、お花も社長にはどうかと思うので、手ぶらでお願いね」と入院先を教えてくれました。お見舞いは顔を出すだけでも良いのかなとも思いますが、手ぶらで行くことには少し気が引けます。

「はて、どうしたものか。お見舞いに行くのは取引先だから当然と言えば当然。本当に相手の立場に立って考えると……」

その時、ちょっとしたアイディアが浮かびました。

翌日、社長の病室のドアをノックします。「はい、どうぞ」の声を聞いて病室に入ると、退屈そうにベッドで寝ている社長がいつもの調子で話してきます。

「おお、来てくれたか。仕事中に悪いなぁ。でも、すぐに良くなるから心配はいらんぞ」

「体調が良さそうで何よりです。これ、ホテルの近くの神社でいただいてきました。ちゃんとお願いもしてきたので早期回復間違いなしです」

そう言って病気平癒のお札をお渡ししました。ホテルのオフィスには神棚があり、お札をいただいてきた神社の名前が入ったものもあったのでお見舞い品にしました。社長はとても喜んでくださり、病室を後にしました。相手のことを考えた一工夫が良かったと思いました。

数ヵ月後、同じような状況に遭遇しました。自販機を置いてくれている喫茶店の女性オーナーが突然入院したのです。詳しい病名はわかりませんが、彼女と仲が良い近所の商店の店主から入院先を伺い、お見舞いに行くことにしました。

取引先への気持ちを行動に移す自分を、なかなかやるじゃないかと思ったりします。

以前に甘いものが好きだという話を伺っていたので、菓子折りを持って病室に伺います。

ドアが開いており、少し大きな部屋にカーテンで仕切られた幾つかのベッドが見えます。そのとき、廊下を歩いてきた女性から「あれっ、どうしたの」と声を掛けられます。声の先を見るとオーナーです。坊主頭で髪の色も以前とは打って変わって灰色になっています。驚いた表情でこちらを見ています。

直感的に来るべきではなかったと思いました。彼女はこういう状態で知人には会いたくないだろうというのが容易に推察できます。どういう状況かをきちんと確認もせずにお見舞いに伺うというのは自己満足であることが鈍感な自分にもわかりました。なんとも言えない目でこちらを見るオーナーに頭を下げたまま、菓子折りを渡してその場を立ち去りました。

「どのように人を大切にして、関わっていくのか」ということ。自分の行動はまさしくそれを基にしている。それまではそう思っていましたが、実際には自分が本当に理解していないことを思い知ることになりました。

「『相手の立場に立って考える』のは当然だ。そこからもう一歩進んで本当に相手のことを考えてものごとをやるということだ。お前たちの仕事も同じだぞ」

山田社長の言っている意味が少しわかったような気がしました。

4　先入観を捨てる

昨日までの自分を模倣しない

今日の朝礼も仕事での心がけ唱和の後、上司から「もっと売ってこい！」との檄が飛んでいます。朝から説教を聞いているようで一気にやる気が萎《な》えます。

そんな雰囲気を会社も察知したのか、上司の話や罰ゲームのような営業成績の発表だけではなく、現場の営業担当者が持ち回りで仕事のプラスになりそうな「いいこと」を発表する時間が設けられました。

普段から話をすることに慣れている営業マンとはいえ、得意先での営業トークと大勢の前で話をするのとは勝手がまったく異なります。どこかで仕入れてきた格言めいた話やたいして面白くもないギャグが不発に終わり、ほとんどが発表を終えるとすごすごと自分の席に戻るといった具合です。ところがある日、登壇した石元さんの話はちょっと違っていました。

石元さんはゆっくりと皆の前に進み、周りを見渡しながら、いつもの穏やかな調子で話し始めました。

「皆さんはワシが楽勝でモノを売ってきていると思っているでしょう。でも、ワシは小柄で見ての通り迫力もない。このように話し方もそれほど上手い訳じゃない。得意先にきつい言葉で断られたら、それなりに落ち込むし、その店に行くのが嫌になることもある。でも、一つだけみんなと違うと思うところがある。昨日までの自分を模倣しないということだ」

石元さんは続けます。

「上手くいかなかったことを繰り返さないということだ。ほとんどの人は自分のやり方を変えないと思う。ワシも全部を変える必要はないと思うが、上手くいかないと思う点は変えるに越したことはない。ところがほとんどの人はこちらで上手くいかなくても、あちらでは上手くいくかもしれないと思って、自分のやり方を変えない。挙げ句の果てには、それを誰かのせいにしてしまう。これでは上手くいく訳がない。上手くいかないことは他でも同じことが起こるものだ。逆に上手くいったことはそれを磨けばいい。昨日までの自分を模倣しない。同じことを繰り返さない。これが営業でずっと成績を上げていくためのコツの一つだと思う」

日々の営業の現実から顔を背けない石元さんの姿勢から出てくる言葉に耳が痛いと感じます。何も考えずに昨日と同じようなことを今日もやろうとしている自分がそこにいたからです。

枠の中で考えるのではなく、枠をどうするのかを考える

営業には数字がつきものです。会社の営業形態によって多少設定は異なるかもしれませんが、年間目標から毎月の予算が決まり、今日はどれだけ売ってこなければといった具合に、いつも数字が傍らにいるという感じです。私たちは月次で目標を管理していましたが、調子よく売れる月もあれば、厳しい月もあります。相手があってこその営業なので都合よくはいきません。

今月も、厳しい状況が続いています。月半ばでありながら、目標達成のペースから言えば丸二日分のマイナスです。焦りが押し寄せ、なんとかせねばという思いばかりが先行し、商談が上手く進みません。

そんななか、二つ先輩の大木さんが声を掛けてきました。

「いいか、営業はコツコツと数字を積み上げることが重要なんだ。どこかで大量に売ってくるのは大変だけど、ちょっと考えてみろ。自分の取引先のすべてで毎日もう一箱だけ多く買ってもらっていれば、数字は随分と違ってくるだろう。それをまずやることだ。俺は自分のルートでそれをやっている」

その考えに異論を唱える気はありません。確かにその通りですが、あまりに当たり前すぎ

てすんなりと納得できるものではありません。そんな努力はすでにやっているし、たとえ一箱でも無理やり売りつけるようなことをすると、その後が続かなくなります。そういう大木さんの営業成績は正直なところ好調とは言えません。営業に同行したことがあるのですが、お願いセールスが多く、相手の表情を見てもこちらに対してあまり好意的なものが感じられません。

その時ふと、以前石元さんと同行した一週間を思い出しました。石元さんは移動中のクルマの中で、朝礼での話の続きを私に言ってくれました。

「いいか、営業の仕事はずっと同じことをしているとそのうちに行き詰まる。漫然とルートを回っていたら売れるものも売れなくなってしまう。営業をやっていると数字に追われるのは仕方ないが、売れなくなってお願いセールスばかりしていたら、相手の気持ちはこちらから離れてしまうんじゃ。営業は『ものを売る』のが仕事じゃない。本当は『売れるようにすること』が仕事なんじゃ。ほとんどの人が営業は売り込むことが仕事だと思って狭い穴にはまってしまう。それに陥らないように『売れるための仕組みをつくる仕事』をすることが先なんじゃ」

営業の捉え方はいろいろとあると思いますが、石元さんの考え方は強い説得力を持っており、それはそのまま彼の行動に表れています。新たな機材の設置を図ったり、いままでとは違った売り方を提案したり、新しい取引先を探したりと「現状の枠の中でもう一つ売るのではなく、もう一つ売れるための何かをつくること」を実践していました。

すべてに当てはまるのかもしれませんが、いままでと変わらないことをしていたらものごとは思うように良くはならないのではないかと思います。営業であっても普段の私たちの日常であっても。

変わらないのではない、変えようとしないだけだ

ものごとを発展的に進めていくためには、それまでのやり方を変えたり、何かしら新しいことを始めたりしなければなりません。営業で言えば新規開拓やこれまでとは違う売り場づくり、新たな販売方法や販促策を取り入れるといったことがこれにあたります。それは私が携わっていたルート営業でも同じです。

毎週定められたお店を回っているルート営業でも、相性の良い店とそれほどでもない店が出てきます。営業の担当替えの際、前任者から引き継ぐ時にも同じようなことがあります。「あの店は凄く協力的だからこれから伸びるぞ」と言われ、そのつもりで行くとなんとなく上手くいかなかったり、「あそこの店主は難しいからものの言い方に気を付けたほうがい

い」とのアドバイスに従い、慎重な姿勢で臨むと案外そうではなかったり。同じ店を見ているのですが、それぞれ違った捉え方をしていることに気づきます。

やり方についても同じです。人は何かのきっかけがないと自分のやり方をいつまでも変えないものだと思います。じつはそのあたりに身近にある可能性を抑えこんでしまうものがあるようです。


西田酒店は市の中心街にあり、古くからここで店を構えている老舗の酒屋さんです。商売をするロケーションとしては最高の場所です。

しかし、この場所にしては信じられないほど売れないお店でした。周囲には全国チェーンのコンビニエンスストアやディスカウントストアが相次いで出店する好立地ですが、昔ながらのスタイルのお店にはかなり厳しい状況です。

西田酒店も以前のようにはいかないようですが、中学校の先生をしていた店主は接客に少々難があり、お客さんにも一切の遠慮はありません。いまだに先生なのです。

「おじさん、これいくら？」

女子高生の手には発売したばかりの飲料のボトルが握られています。「ああ、それは……」と私が値段を告げようとすると、横から店主が「おじさんとは何事か、ちゃんとした言葉を使え！」と一喝。その女子高生は店主の大声に圧倒されて立ちすくんでいます。

こんなふうですから、最高のロケーションにもかかわらず来店客はまばらで、外の賑やかさとは一線を画した雰囲気が店内に漂っています。

先輩からは「ここはいくら頑張ってもダメだ。毎週、顔を見せる程度でいいから」と半ば諦め口調で言われました。確かにそう思えます。私にとっても店主はちょっと苦手なタイプです。訪問しても踏み込んだ話もせず、減った分だけの在庫を補充して帰るといった対応を続けていました。何か提案でもしようものなら、面倒なことになるのではないか。そんな気持ちが心の片隅にありました。


ある日、曽根所長とクルマで移動する際、西田酒店の前を通ります。

「あの店は、誰が担当しているんだ」

曽根所長が私に話しかけてきます。

「はい、私が担当しています」

「ウチの商品を売っているかどうか、外から見ても全然わからないなぁ。担当者ならそこは気づくべきではないのか」

そこで「じつは、あの店は……」と先輩の話やいままでのいきさつを話すと所長が私に諭します。

「確かに人間だから苦手な相手がいても仕方ないが、何もしないというのは順番が違うんじゃないか。店主が難しいから何もできないのではなくて、自分の先入観で何もやれない。これはダメだと思い込んでいるんじゃないのか」

少しばかり耳の痛い話が飛んできます。そんなこともあって、翌週の訪問時にちょっと勇気を出して「新しい広告を持ってきましたが、いかがでしょうか。せっかくだから店頭でアピールしませんか」と店主に切り出しました。

いつもの難しい顔がこちらを向きます。また何か言われるのかと思っていると、今日は反応が違います。「そうだな。いいよ」と軽い返事。どうやら虫の居所は良さそうです。

ならばと「この陳列ラックもどうでしょう。これを置くと商品も整理できてお客さんも買いやすくなりますよ。いま、キャンペーン中ですがいかがでしょうか」と提案しました。自分でも先週までは考えられない一言です。すると店主が私のすぐ横まで来て話しかけてくれます。

「いままで、そんなことを言ってくるセールスはいなかったが、これで本当に売れるようになるのかね」

「はい、少しかもしれませんがアップすると思います」

営業としては落第点の回答ですが、これをきっかけに店主はあれこれと私に相談してくれるようになりました。まだ経験も浅い新人営業マンです。たいした知識もありません。先方もそれはよくわかっていたと思いますが、私の提案にも耳を傾けてくれるようになったのです。

さらに、店頭に大型自販機の設置、店内には大型クーラーを導入していただき、店の雰囲気は大きく変わりました。売り上げも「信じられないくらい売れないお店」から、「信じられないくらい売れるお店」に変貌しました。先輩からはとても不思議がられます。しかし、売り上げが伸びた本当の理由は私の営業力ではありません。

もともと、最高の立地条件の店舗です。大きな潜在性を持っていたにもかかわらず、いままでの担当者が「この店はできない」「変わらない」と決めつけて、それまでのやり方を変えていなかっただけではないかと思います。

その後、中心市街地の再開発で西田酒店もいよいよ店を閉じることになりました。店主は「もうわしも歳だしこのあたりが潮時じゃないかなぁ」と少し寂しそうにつぶやきます。そして「店を畳んだら郊外の家に引っ越すんだが、よかったらまた顔を見せてくれるか」と。

本音とも社交辞令ともとれる言葉をいただきました。最後の訪問日には「いままで本当にお世話になりました」と深々頭を下げて店を後にしました。

数週間後、営業所で事務作業をしている私を呼ぶ声がします。「おーい、電話だ」と言われ、受話器を取ると西田酒店の店主の声です。

「久しぶりだな、元気にしているか」

いつもの気難しそうな顔が思い浮かびます。

「はい、お陰様でなんとかやっています。お元気そうなお声で何よりです」

すると、思いもよらない一言がありました。

「ところでお願いがあるんだが、ウチの玄関脇に自販機を置いてくれないか」

変わらないのではありません。変えようとすれば変わります。

第2ステージ　フードサービス部門

変化の機会をどう捉えるのか

私たちが扱っている製品には、工場で最終製品となる飲料と、店頭の機械で原液を希釈して飲める状態にして提供する飲料の二種類があります。

前者はスーパーやコンビニ、自販機で目にする瓶や缶、ペットボトル容器で販売されているもので、後者はフードサービス部門が担う、ファミリーレストランのドリンクバーやファストフード店で目にするものです。市場規模は圧倒的に容器に入った飲料のほうが大きく、社内でもフードサービスの部門は少し特別な感じでした。当時の私にはどんな仕事なのかよくわからないというのが本当のところでした。

一日の仕事を終えて日報を書いていると、「仕事が一区切りついたら私のところに来てくれないか」と声を掛けられます。振り向くとマネジャーから昇進した恒石所長です。

「いったい、何だろう。何かまずいことをしたかな。自分で言うのも何だけど、最近は結構調子よく販売目標も達成しているし、販売機材の設置もまずまずだ。何か褒美でももらえるのだろうか。いや、待てよ。そんなに上手い話がある訳がない。じゃあ、何だろう」

不安と期待を抱きながら恒石所長の待つ会議室のドアをノックします。

「まぁ、座れ」との言葉に従い、差し向かいの席に座ります。狭い会議室に二人だけ。何を言われるかわからない状況は居心地の悪いことこのうえありません。

「単刀直入に言うが、来月からフードサービスの部署に行ってくれないか。どうしても嫌だったら考えてはみるが、どうだ」

いきなりの通達です。

「え、フードサービスですか」

突然のことで言葉に詰まります。

「私はフードサービス部門のことをまったく知らないのですが、いったいどういった仕事をするのですか」

さらに私を不安にする一言が続きます。

「主にフードサービスの市場開発をしてもらうことになる。簡単に言ってしまうと新規開拓の仕事だ」

「し、新規開拓ですか」

フードサービスのことをまったく知らないうえに、新しい取引先を開拓する仕事。精神的にも厳しい状況になるのは容易に予測されます。

「やってくれるのであれば、今日中に上に連絡を入れておくが、頑張ってくれるか」

恒石所長は決断を迫ってきます。言葉の端々にこちらの逃げ道をふさぐような姿勢が感じられます。

「はぁ、そうですね。でも、私にできますかね」

しまった。こう言うと承諾したように聞こえるかもしれない。

「大丈夫だ。専門部署として立ち上げるので、しっかり研修してからスタートすると聞いている。よし、頼むぞ。新しい部署でも頑張ってくれ」

私の肩をポンと叩いて所長は会議室を出て行ってしまいました。

「うーむ、承諾したつもりはないのに、こういうふうに異動が決まるのか」

釈然としないまま、私の初めての異動が決定しました。

翌月、本社の車両倉庫脇の会議室にフードサービス部門の四人の新任担当者が集合です。全員、初めて見る顔でしたが、なんとなく浮かない表情です。メンバーの中では私が最年少。残る三人はベテランと呼ばれてもおかしくないような年齢の人たちです。閑職に追いやられたような悲壮感が漂っています。そうか、私もそうなのかもしれない。鈍感な私ですが、ふとそう思いました。

早速研修がスタートしましたが、皆からはあまり積極的な姿勢が感じられません。これがドラマだと、ちょっとしたきっかけで状況が一変し、素晴らしいチームになるといった展開になるのですが、そんなことはとうてい起こりそうもありません。それでもなんとか仕事を覚えなければ後がありません。やる気というよりも、やらざるを得ないといった気持ちのほうが強いなか、なんとか研修を終えました。

いよいよ現場での仕事がスタートです。市場開発が主な仕事のため、街で見かけた飲食店やオフィスに電話を掛け、どうにか訪問の許可が下りたところに伺い、手作りの提案書とカタログを見せながら、取引をお願いする毎日です。

ところが、いざ行くとあからさまに嫌な顔をされ、厳しい言葉で追い返されることが毎日のように起こります。かなりのタフさが必要で、精神的に鍛えられます。それでも、やれば何とかなるものです。連日、新規開拓にトライしていると少しずつ慣れてきます。

相変わらず〝やる気〟よりも、〝やらざるを得ない〟の気持ちのほうが強かったのですが、続けているうちにそんな環境にも慣れ、それなりの面白さが見つかり、少しずつですが、やりがいも感じられるようになります。

隙だらけの手作りの提案書でも、拙いセールストークでも、丁寧に話を進めればなんとか道は開けるものです。ぽつりぽつりですが、新規の取引先も開拓できるようになりました。

月初めには前月の活動報告と今月の取り組みを発表する定例会議が本社で催されます。すでに前月の成績は会議を主催する松田マネジャーの手元にあります。会議ではまずその成績に至った背景や自分が何をしたのかを報告するのですが、成果があがっていないと会議室はいたたまれない場になります。松田マネジャーは結果に対しては一切容赦しません。

私の成績も決して褒められるものではないのですが、他の三人よりも少しだけ成果を得ることができていました。ただし、大きく違っていたのは訪問件数の多さと、そこでどんなことがあったのかというレポートです。私は、どこを訪問して、誰と会い、どんな話をしたのか、そこで何が起こったのか、という実際の営業活動の内容をつぶさに報告するようにしていました。成績はともかく、まずはやれることからやる以外なかったからです。

会議を終えると、全員で本社近くのファミレスに集まり、仲間だけのミーティングです。上司はいないので、本音の話が出ます。溜まっている不満が一気に噴出。なんでこの歳で新しい仕事をしなくてはいけないのか。慣れない仕事だから結果が出ないのは仕方ない。いまさら新しい売り先なんて見つからない、などなど。

会社勤めをしていると異動はつきものです。不本意ながらも従わざるを得ないところもあると思います。それを肯定的に捉えるのか、否定的に捉えるのかによって、それ以降の状況は大きく変わってきます。

私にとってもフードサービス部門への異動は不本意なものでした。新しい部署に移った当初は本当に営業という仕事が嫌になりました。しかし、後からこの異動を振り返ってみると、結果として、営業担当者として日本一となり、自分を大きく成長させてくれたのです。変化を受けとめ、幸運の機会にするのか、不幸な出来事にするのかは、結局自分が決めるのではないかと思います。

いままでの延長線上で考えない

スーパーやコンビニ、自販機で売られている瓶や缶、ペットボトルといったパッケージ充塡された商品とは異なり、フードサービス部門の製品は、それぞれの売り場でディスペンサーという機械によって商品になるので、お客様が手に取る直前までかたちになっていません。よくファストフード店やコーヒーショップのカウンターの反対側で店員さんが容器に飲料を注いでいるあの機械で商品にしているのです。お店によってグラスやカップのサイズも違い、ファミリーレストランのドリンクバーだとあらかじめ定めた量目で販売するという概念すらありません。私のこれまでの経験則がそのままでは通用しないということです。

フードサービス部門の主な市場はレストランやファストフード店ですが、そのほとんどはこれまで営業活動でしかるべきお店にはすでに機材が設置されています。つまり、この市場で新規開拓を進めるのはそう簡単ではないということです。

そんな状況でも毎日新規開拓に行かなければ仕事になりません。最初のうちはなんとか見つかった訪問先も、一ヵ月もするとリストは余白だらけです。行くところがありません。

営業の仕事は外回りがほとんどですから、一旦会社を出てしまえばどこで何をしようが上司にはわかりません。仕事を怠るとそのまま成績にはね返ってきますが、わかっていながらも喫茶店に入って時間をつぶしたり、クルマの中で昼寝をしたりと現実逃避の日々を過ごすことになってしまいがちです。なにしろ訪問しようにも行く先がないのですから。

「このままだとどうなってしまうのだろう」

不安は日を追うごとに大きくなっていきます。月初めの定例会議のことを考えると頭が痛くなり、眠れない日が続きます。


「どうだ、調子は」

背中から声を掛けられ、振り向くと小林統轄部長です。

「最近はちょっと、厳しいです……」

少し躊躇しながら曖昧な返事で応えます。

「いま、どんなところを回っているんだ」

さらに踏み込んできます。

「レストランとか喫茶店とかそういったところです」

やっていることをそのまま答えます。

「新規開拓といっても毎日行くのはきついだろう。ましてや限られた市場だ。そんなに都合のいい訪問先がそうそうある訳じゃない。そうじゃなかったらこの時間にここにいることもないだろう」

「ええ、まぁ……」

いきなり核心を突かれて言葉がありません。忙しそうに働いているオフィス勤務の同僚たちがチラチラとこちらを見ています。昼過ぎのこの時間に自分の机で急ぎでもない書類をつくって時をやり過ごしている自分がなんとも情けなくなりました。

「ちょっと教えて欲しいんじゃが、お前は何を考えて新規の取引先を探しているんだ」

やれやれ説教か。この状況で辛いなと思いながらも黙って話を聞くしかありません。

押し黙っている私に「お前はまずレストランや喫茶店に自分たちの製品を買ってもらいたい、機材を置いてもらいたいと考えているんじゃないか」との質問が飛んできます。

確かにその通りです。それがいまの仕事なので、「はい、それは、そうです……」と力ない返事をします。

「もしそう考えているんだったら順番が違うぞ。それはこちらの都合で考えているということじゃ。商品を買ってくれる、機材を置いてくれることが先じゃなくて、我々の商品が欲しい、あったら嬉しい、我々の機材を置いたら便利になる。そういうところはどこか。まず相手の都合から考えるということだ。営業はその順番に気を付けること。ひょっとしたらレストランや喫茶店じゃないのかもしれん。新規開拓はいままでの延長線上でものを考えないことだ」

それはその通りと思いつつ、こちらの商品を求めているところ、そこまでいかなくてもあったら嬉しいところってどこだろう。顎に手を当て考えながら部長の顔を見上げますが、答えは見つかりません。

小林部長はそれだけ言うとさっさとどこかに行ってしまいました。私はなんだか答えが見つからない宿題をもらった気分でした。しばらくたってから、ルート営業時代の同僚の徳田からの連絡です。

「マナベインテリアハーツという大きな家具屋さんがあるんだが、お客さんとゆっくり話ができるよう店の中央にちょっとしたスペースを設けるというので、自販機コーナーを提案しようと思うんだ。暇だったら一緒に行かないか」

暇だったらという言い方に少し反発を感じながらも、知り合いのお店でも紹介してくれるかもしれないと思い「じゃあ、場所を教えてくれ」と返事をしました。

指定の時間にマナベインテリアハーツに向かうと徳田が駐車場で待っています。

「おう、悪いな。ルート営業時代に戻るのも気分転換になるぞ」

こちらの状況を知ってか知らずか相変わらずの口調ですが、悪い気はしません。マナベインテリアハーツは県内でも屈指の大型家具店で見渡すほどの店内には大型家具から学習机、ランドセルまで陳列されています。店員さんに案内されて店の中央まで進むとまるで喫茶店のようにテーブルが置かれている少し広めのスペースが設けられています。

店員さんが「この店はご結婚をされる際の家具セットも取り揃えているんだけど、ご両親と同伴で来る方も多くいるんですよ。ましてや子供さんの入学シーズンともなればご家族連れで来店されて、学習机だ、ランドセルだと店内は結構にぎわうんです。そんな時に大人数でもゆっくりとどの家具にするのかといった話をする場所がいるので、このスペースをつくったんです」とのいきさつを話してくれました。その時ふと小林部長の言葉を思い出しました。

「まず相手の都合からものを考えるということ。レストラン、喫茶店といった従来の延長線上から新規開拓を考えないこと」

案内してくれた店員さんが去った後、店長が来るまでのちょっとした時間に徳田に相談します。

「ここをお客さんが自由に飲料を飲めるスペースにしたらどうだろうか。店内だから機材の管理も楽だし、紙コップを使ってもらったら後片づけも簡単だろう。サービスで飲料を提供してくれて、ゆっくりと品定めができる家具店というだけで、他の店を大きく引き離すことができるんじゃないか。大勢のお客さんも喜んでくれると思うし、この店にとっても悪い話じゃない。ウチにとっても新しい売り場をつくることができる。どうだろう」

横を向いて考える徳田。そのすぐ後に「よし。ダメ元で話をしてみるか」と。

しばらくして店長がやってきました。手持ちのフードサービスの機材カタログを彼の前に広げ、急ごしらえの提案です。

突然の商談の場になりましたが、私たちの話をうなずきながら聴いてくれる店長にこれからの道が開けたような気持ちになりました。結局「お客さんが喜ぶなら、やってみよう」という店長の一言で機材を置いてもらえることになりました。

飲料ビジネスとはまったく関係がないと思われる家具店の店内の真ん中にファミリーレストランさながらのドリンクバー。これまでの感覚では考えられません。

そこにはゆっくりと話をしたい、大きな買い物の合間に少し休みたいという多くのお客さんの存在があります。お店としてはお客さんと落ち着いて商談ができる場にもなります。そこによく冷えた飲料があるとお互いが嬉しくなります。部長から言われたことを思い出します。

「商品を買ってくれる、機材を置いてくれることが先じゃなくて、我々の売りモノを欲しい、あったら嬉しい、我々の機材を置いたら便利になる。そういうところはどこか。まず相手の都合から考える。新規開拓はいままでの延長線上でものを考えないことだ」

宿題でもらった問いの答えの一つを思いもかけない現場で見つけることができたのです。

見方を変えれば違うものが見えてくる

いままでとは違った視点で新規開拓ができたマナベインテリアハーツでしたが、他の家具店で同じ提案をしてもまったく相手にされません。その場に合わせて自由に量目や容器が選択でき、大量の飲料を一度に提供できるフードサービスの機械は、人が多く集まるところには打ってつけですが、「いままでにやったことがない」、つまり新しいことへの抵抗は並大抵のものではありません。「家具店で飲料を提供するなんて考えられない」「お客さんに無料で飲料を提供するなんて信じられない」「お茶で十分じゃないか」などなど。苦労してアポイントメントをもらっても、話を始めて数分で追い出されるところ、カタログすら見てもらえないところと散々の結果です。いまではカーディーラーはじめ、ちょっとした商談の場でドリンクサービスの機材があるのは珍しいことではありませんが、改めて新規開拓営業の厳しさを味わうことになりました。

そんなある日、取引先のお店のお婆様がお亡くなりになりました。店は急遽、シャッターを下ろして臨時休業です。ところが悪いタイミングで、集金伝票が手元にあります。おそるおそる電話を掛けてみます。

「大変な時に申し訳ありません。今月の集金の件ですが……」

すると柔らかな声で店の奥さんからの返事が聞こえてきます。

「迷惑を掛けてごめんなさいね。明日、葬儀会場まで来てくれないかな」

「いえ、迷惑なんてとんでもありません。でも、そんな大変なところにお伺いしても……」

言葉を濁しますが、本音は頂ければと思っています。

「いいわよ、気にしなくて」

こちらよりもはるかに向こうのほうが気を遣ってくれている感じです。翌日、伝票を持って会場に伺います。地方のことなので、取引先、ご親戚、近隣からも多くの方が参列し、結構な人数です。不釣り合いな制服姿でその中に入り、奥さんを探します。なんとか見つけ出して声を掛けます。

「申し訳ありません」

「悪いわね、こんな場所で。結構な人で見つけるのが大変だったでしょう。このあたりは冠婚葬祭にはたくさんの人が来るからね。はい、ここに今回の分が入っているから」

そう言って封筒を渡してくれました。

「ありがとうございます。大変な時に申し訳ありませんでした」

丁重に頭を下げて早々に退却です。

翌日も新規開拓ですが、相変わらず訪問先の糸口が見えないままです。クルマの中であれこれと考えながら、昨日は申し訳なかったなどと思い出していました。そのとき葬祭会館の看板が目につきました。

「葬祭会館すみれ。そう言えば大きな葬祭会館が幾つかあるな。待てよ。昨日は結構な人数が来ていたよな。会場では食事もするだろうし、短時間に多くの飲料を準備しなければならないのではないだろうか」

小林部長の言葉を思い出します。

「まず相手の都合から考える」

早速、葬祭会館すみれに連絡してアポを取ります。葬祭会館すみれの田中常務はいままでいろいろなアイディアで他社との差別化を図ってきた方でした。提案すると、機材の設置もこちらが拍子抜けするくらいの短時間で決まってしまいました。

商談の場で田中常務が私に言ってくれたのは「すべての仕事に言えることなのかもしれないけれど、見方を変えれば違うものが見えてくる。たとえば自分の仕事をお客さんの側から見ることが大切なんだ」ということ。

まさしくすべての仕事に言えることだと思います。いま、それを目の当たりにしているのですから。

礼儀正しさと傾聴は最強の武器となる

営業の仕事は売り込むことよりも、まずは相手の話をしっかり聴くことが重要です。しかし、相手の話は必ずしも発展的なもの、好意的なものであるとは限りません。説教めいた話を聴くだけで終わることもあれば、法外な条件を要求されることも少なくありません。相手のメリットになりそうなことをあらかじめ考え、そのことをなんとか理解して欲しいと思って商談に臨むのですが、こちらの本題に入ることすらできないことも多いのです。

そんな中、高知オリエントホテルでビヤガーデンをスタートさせるという情報が入ってきました。ホテルとの取引はあったのですがフードサービスではありません。早速、アポの電話を掛けるとフロントの方が料理長につないでくれました。

「はい。シェフの岡林ですがなんでしょう」

かなり威圧的な声です。一瞬腰が引けますが、それでもアポを取らなければなりません。

「お電話のお時間をいただき、ありがとうございます。お忙しいなかとは存じますが……」

こうしてなんとか商談の時間をいただくことができました。その訪問日、エントランスの片隅で岡林シェフを待ちますが、なかなかシェフは現れません。多くの人が行きかうなか、立ったままじっと待つしかありません。

「すまん、待たせてしまったなぁ」

ふいに横から声を掛けられます。岡林シェフです。

「お忙しいなか、お時間をいただき本当にありがとうございます」

深々と頭を下げて屋上のビヤガーデンの椅子に腰を掛けて商談が始まりましたが、岡林シェフの話にひたすら耳を傾けて聴き役に徹します。「こんなことをやりたい、業者に望むこと」などと話が広がっていきます。こちらからは岡林シェフの要望や意見に応じて小さな提案を行うだけで、商品や機材の説明はほとんどできない状況でした。

普段の商談よりもかなり長い時間がたっています。こちらからの提案の話に移りたいという気持ちを抑えながら、シェフの話のポイントをメモしていきます。しばらくして、シェフから思いもよらない一言。

「よし、じゃあ、頼んだよ。後のことはここの担当者と段取りを進めてくれるか。任せたからな」

「え、ありがとうございます。あのぉ……」

状況が理解できずに戸惑う私。

「あ、それからウチの会に出てみないか、いろんな業者が来ているから何かの足しになるかもしれんぞ」

「あ、ありがとうございます。それはどういった会なのでしょうか。私がお伺いしても大丈夫なのでしょうか」

何がなんだかわかりませんが、聞くしかありません。

「おお、いいぞ。司厨士《しちゅうし》協会の集まりなんだが、是非顔を出してくれ。フロントで日程を聞いといてくれ」

岡林シェフはそれだけ言い残して去っていきました。その場でわかったことはビヤガーデンの取引をしてくれることになったことと司厨士協会の集まりに参加できることになったという二つでした。

後で調べてみてわかったのですが、司厨士協会は「西洋料理」を専門とした料理人の方々で構成されている全国的な組織でした。高知では岡林シェフが要職を務めており、ご自身が中心となって開催している集まりにはその後幾度も参加することになりました。プロの調理師で構成されている組織なので、レストランやホテルや大きなアミューズメント施設の食を担っている方が名を連ねています。この会の人たちがその後の新規開拓の大きな力となったのです。

しばらくたってから、会の席で岡林シェフに思い切って聞いてみました。

「初めてお会いした時に、取引ＯＫに加え、会合にまで参加させていただいたのはどうしてでしょうか。あの時、私は肝心な商品・機材の話をほとんどできないままでした。営業としては失格だったと思います」

それを聞いて、シェフは私に言いました。

「営業として失格だと。そんなことはない。いいか、我々調理師の仕事は料理を食べさせることではない。一生懸命つくった料理を食べていただいて喜んでもらうことだ。そのためにお客さんにとって何をすればいいのかを考えること、お客さんを知ることが大事。私のところにもいろいろな営業の人間がやってくるが、そのほとんどは自分たちの商品と条件がいかに良いかを並べるだけだ。こちらが望むことはやってくれるものではなく、やって欲しいものだ。そのためにはお客さんであるこちらの話をしっかりと聴くことだ。君は私の話にずっと耳を傾けて、私が考えていることや、やりたいことをかたちにするためにはどうすればいいのかを一緒に考えてくれた。確かにびっくりするようなアイディアはなかったが、それが営業の人間にとっては一番大切な姿勢だ。しかも礼儀正しく言葉を選んで応えてくれた。これなら司厨士協会の集まりに来てもらってもいいかなと思って声を掛けた。礼儀正しくあることと人の話をきちんと聴くこと、この二つを軽んじるなよ」

初めてオリエントホテルで商談した時の私は、たまたま岡林シェフにそう映っただけかもしれません。私が思い切って聞かなければ気がつかないままだったかもしれません。この二つはその後の私の基本姿勢となり、多くの成果につながっていると思っています。

常識を超える非常識なやり方

多くの人でにぎわうパチンコ店を始めとする大型のアミューズメントは飲料メーカーにとって大きな魅力を持っています。そのためすべてのお店がどこか特定のメーカーと結びついており、なかなか新規の取引先が入る余地はありません。

パシフィックグループもそんなチェーンの一つです。競合会社との関係が強く、私たちはアポさえ取ることができません。同社のグループ企業である焼肉チェーンが最近やっと取引をしてくれるようになりましたが、本丸ともいえるパチンコ店とは商談のきっかけさえつかめない状況が続いていました。

パチンコ店といえば自販機設置が定石ですが、すでに競合が強固な基盤を築いています。ならば他の方法はないものか。「まず、相手の都合から考えること」「新規開拓はいままでの延長線上でものを考えないこと」という小林部長の言葉を反芻《はんすう》します。

そこでまず焼肉チェーンの村山部長にパチンコ店の困りごとはどんなことかを伺うことにしました。村山部長はアミューズメント部門にも顔が利き、最近郊外にオープンしたパチンコの旗艦店にも彼の部門からコーヒーサービスの施設が設けられています。私たちはそこでの直接取引を提案できる立場ではありませんが、なんとか店長に取り次いでくれることとなりました。

何事も一足飛びにはいきません。まずは挨拶を済ませ、お話を伺うところからスタートです。パチンコ店に入ったことがない私には、提案の糸口すらつかめません。それでも店長の話を通して少しずつ見えてくるものもあります。お店としてはお客さんに少しでも長くパチンコ台に座ってゲームをして欲しいのですが、食事や飲み物を買いに離席するとその時間がロスになるということです。パチンコを打ちに来てもらっているのでもっともな話です。

では私たち飲料メーカーに何ができるのか、すぐに妙案は浮かびません。自販機では簡便に飲み物を提供することができますが、それでも一旦はパチンコ台の前から離席して、設置しているところまで買いに行かなければなりません。

結局、その日は店長からお話を伺うだけでしたが、お会いできただけでもまずは一歩進んだのでよしとします。

営業所に帰って何かできないかと考えます。

そういえば店内にはコーヒーサービスの施設もあり、スタッフも常駐している。ならばそこに機材を置いて飲料を提供してもらったらどうだろう。それならお客さんの離席を抑えることができるし、サービス向上にもつながる。都合の良い話ですが、お客さんにとっても、先方にとっても悪い話ではありません。コーヒーサービスの領域なら既存の自販機取引のところに割り込む訳ではありません。これはいけそうだと思い、早速村山部長に提案です。

数日後、村山部長から電話です。

「面白い話だと思うけど、部門をまたがる、いままでにない話なので上の者同士で話をしたい。しかるべき人を連れてきてくれないか。うちは私より上も出てくることになりそうだが……」

願ってもない話ですがこれを外すと後がない。そんなニュアンスが電話口から窺えます。

上の人、相手は部長以上も来る。どういった人を連れていけばいいのだろうか。妙案は浮かびません。

そんな時に以前、挨拶をさせてもらった日本コカ・コーラ社のシニアマネージャーの藤野さんとその上司のアメリカ人副社長、グレッグさんを思い出します。

藤野さんは、私がフードサービスに異動した際、研修講師として来てくれたことで面識を得ました。営業担当者の全国大会でもお会いし、いろいろと仕事のことを相談したこともありました。飛びぬけて現場志向が高く、会場では私の他にも数多くの営業担当者の話に耳を傾け、困ったことがあれば、各地のボトラーの本社と掛け合い、いろいろなサポートをしてくれていました。

ダメ元で早速、藤野さんに連絡してみます。事情を話し、チェーン本部に行ってもらうことは可能かどうか。競合の牙城に食い入るまたとない機会なので力を貸してもらえないかとお願いしました。現場の一担当者としては結構な勇気を要しましたが、なんと藤野さんと副社長の返事はＯＫで、一緒にチェーン本部に行くことになりました。

決まってからが大変です。訪問する際に乗っていくクルマも、副社長ですから営業車の助手席という訳にはいきません。友人にお願いしてＢＭＷを借ります。まてよ、グレッグさんは日本語がまったく話せない。どうすれば……、また、藤野さんに相談です。「いいわよ、私が秘書兼通訳として一緒に行ってあげる」と心強い返事をもらいました。手土産も手配し、これで準備万端です。

当日、副社長のグレッグさんと急ごしらえの秘書兼通訳の藤野さん、慣れないBMWのハンドルを握る運転手役の私。先方の駐車場にクルマで乗り入れ、三人で本社の受付に向かいます。

先方には日本コカ・コーラ社からアメリカ人の副社長が一緒に伺う旨を事前に伝えてあります。案内の方が会議室のドアを開くと、そこには部長どころか、トップ、役員が並んでいます。一気に緊張感が高まります。

いよいよスタートです。グレッグさんが開口一番「私は素晴らしいアミューズメントチェーンがあると伺いご挨拶に来ました。皆様は私たちの最も重要なお客様だと捉えており、大切なパートナーとして精一杯の支援をさせていただきたいと考えております。今日のこの時間をお互いにとって有意義なひと時にしましょう」。

グレッグさんの言葉を通訳し、相手に伝える藤野さん。二人と先方のやり取りを横で見ていると、さながらどこかの国際会議のようです。いままでに私が経験したことのない場の雰囲気で、先方の態度もいままでとは少し違ったものを感じます。何より通常の商談では聞かれない前向きな話が出てくるのです。

結局、その場で機材の導入が決まってしまいました。いままでの苦労が嘘のようです。話し合いを終えて、先方のトップと握手を交わすグレッグさん。エントランスで見送られ、本社を後にしました。少し走ったところでクルマを停め、話の内容を確認します。その時、藤野さんから言われました。

「営業は一人だけでやる時代じゃない。組織営業とよく言われるけど、自分が持っている資産をすべて使うということを本当に考えている人は少ないのよ。これからもその姿勢を忘れないでね」

現場の商談で、グローバル企業である日本コカ・コーラ社のアメリカ人の副社長の力を借りる。それまでの私の常識では考えられませんでしたが、常識を超える非常識なやり方の先に、いままで得られなかった結果が待っていました。パシフィックグループの関連店舗に私たちの機材が次々と設置されたのです。

叱られるのは「人」ではなく「モノやコト」

よく、最近の若い世代は打たれ弱い、上司や先輩から叱られると大きく落ち込む、すぐに出社拒否になってしまうなどと言われます。でもそれは最近に限った話ではありません。叱られながらも成長する人。叱られたことに逆恨みする人。叱られても何も変わらない人。このような人は以前からたくさんいました。

ミスをする、あるいは指示されたことができなければ当然上長から叱られます。営業は社外の人たちと直接やり取りをするので、一つのミスが大きな損失につながることがあるため、かなり厳しく叱られることは珍しくありません。

「なんだ、この報告は！」

松田マネジャーが私の隣の席の畑山さんに向かって怒鳴りながらやってきました。その手には、畑山さんが提出した報告書が握られています。

「こんな内容でいいと思うのか！　最初から書き直しだ！」との切り出しから、結構厳しい言葉が畑山さんに浴びせかけられます。そこまで言わなくてもと思いつつ、横で指摘された内容を聴いていると、確かに報告書には不備がありそうです。でも、畑山さんの表情を見るととても指摘されたことを素直に聞いているようには見えません。それどころか早くこの場を終わらせたいという気持ちがありありと伝わってきます。

明日までに報告書を再提出するよう告げた松田マネジャーが去った後、畑山さんが一言、「あんな言い方はないよなぁ。普通に話せばわかる話なんだから」と。悪いのは松田マネジャーだと言わんばかりです。その後もこうしたやり取りが幾度となく続きます。そのたびに二人の間の溝が深くなっていくようでした。

そんなある日、東京の日本コカ・コーラ社に出張する機会がありました。オフィスには海外からのスタッフも数多くいます。

訪問先の部署のマネジャーは以前もお世話になった藤野さんです。彼女は誰に対しても率直に意見をぶつけ、部下に対しても結構厳しい姿勢で臨みます。年上の部下であっても躊躇しません。私が近くにいても意に介することなく部下を叱ります。しかし、藤野さんが叱っている外国人の部下の様子を見ていると、畑山さんが松田マネジャーに向ける表情とはまったく違ったものを感じます。藤野さんの言葉をうなずきながら聞いています。

私にとってはちょっとした驚きです。あんなに厳しく言われても冷静に対応することができるのはなぜだろう。彼が自分の席に戻った後、藤野さんに聞いてみました。

「海外の人はものごとを割り切って考えるから日本人のように叱られても感情的にはならないのでしょうか」

するると彼女から意外な返事です。

「そんなことはないですよ。彼らも同じ人間なので自分が叱られれば感情的にもなるし、きつく言われたことを根に持つこともあります。でも、上司が部下を叱る場面をどう捉えるのかをお互いが理解しているから、感情的になり難いというのはあると思いますよ」

よく理解できません。不思議そうな顔をする私に彼女が話を続けます。

「私たちは部下を叱っているのではありません。彼が提出した書類や行動を叱っているのです。決してその人を責めたりはしません。こちらが望む書類ができてやって欲しい行動がとれるようになれば、お互いが幸せになれるでしょう。彼も自分が責められているとは思っていません。そうか、ここを直せばいいのかといった具合です。その人を責めても良いことは何一つないでしょう。お互いが感情的になり、関係を損なうだけです。そこをお互いが理解しているのです」

なるほど、叱られているのは人ではなく、期待に沿えない書類や行動ということか。それを正せばお互いが幸せになれる。そのことを上司も部下もわかっているから、感情的にもならず関係も変わらないのか。

会社の中では上下関係があり、叱ること、叱られることは日常的に起こります。上長が「こんな書類を出すなんてよく考えたのか」、部下が「俺も悪かったかもしれないが、ああいう言い方はないだろう」と人同士がぶつかり合っています。

上手に叱る・上手に叱られる。お互いが成長するためにとても大事なことです。

「これまで」から「これから」へ

フードサービスのディスペンサーと呼ばれる機械は飲料の原液のタンク置き場と水道を確保することができれば、比較的小さなスペースでも設置することができます。いわば小さな工場ともいえるこの機械は多くのお客さんが一度に来られる季節性の高い売り場や大きなイベント会場で本領を発揮します。なにしろ、瓶や缶製品と違い、栓を開けたりする手間がなく、ごみも出ないのですから。

夏場に活況となるビヤガーデンもそんな季節性の高い売り場の一つでフードサービスの機械が大活躍します。もちろんここではビールが主役ですが、清涼飲料もしっかり売り上げを稼いでくれます。

シティホテルは街の中心にあるランドマークとも言えるホテルです。大丸や西武といった百貨店が隣接し、近くのモールには多くの店舗が軒を連ねており、夏場には屋上にビヤガーデンがオープンし、多くのお客さんでにぎわいます。

夏場の短い期間とはいえ、ビヤガーデンでの清涼飲料の販売量は結構なものがあり、それだけ競合との駆け引きも熾烈になります。ここでの主役はあくまでもビールなので、清涼飲料は一社で賄えるからです。

今年もビヤガーデンのシーズンを控え、商談を始める時期になりました。

「本日はお時間をいただき本当にありがとうございます。お電話でお伝えした今年のビヤガーデンの件でお伺いしました」

シティホテルの事務所に伺い、今年の担当者を訪ねます。このホテルは毎年、ウチを採用してくれており、上得意のビヤガーデンの一つです。

「ああ、ビヤガーデンの話ね」

「今年のご担当者様ですね。今回もよろしくお願いいたします」

名刺を交換し、早速、設置の段取りの話に進もうとするとなんだか様子が変です。

「毎年お世話になっていて申し訳ないんだが、今年は他にお願いすることになったんだよ」

担当者からの予想しない一言に思わず表情がこわばります。

「何か問題でもあったのでしょうか」

なんとか話の糸口をつかもうとします。

「いやね、上からの指示で付き合いのあるビールメーカーさんの清涼飲料をやってくれないかとのことなんだ。悪いけどまた来年頼むよ」

どうやらこちらに何か問題があったのではないようですが、いろいろ話をしてもこの日はこれ以上の商談が進まず、肩を落としてシティホテルを後にしました。

どうして、こういうことになったのだろうか。帰りのクルマの中であれこれ考えます。ビヤガーデンがオープンしている期間中は数日おきに機材の点検に伺い、広告物の確認も怠ってはいなかった。何度か営業所のメンバーと伺い、担当者にも挨拶をしたので、こちらに対する印象もそれほど悪いものではないはずだ。

新しい担当者はそもそも我々と取引をしたことがないのでいままでの付き合いというのが通用しない。それはもっともだがいままでもビヤガーデンの担当者は数年おきに替わっていた。あれこれと考えるうちに「今年は『上からの指示で採用先を替える』と言っていた。じゃあ、決定者である彼の上に私たちの良さが伝わっていなかったということか」と。

なんとなく糸口が見えてきたような気がしましたが、結局どうすればいいかわからないままでした。「今年は大口が一件アウトか」と思いながら、営業所に帰ってこのことを上司に報告する場面を思い浮かべると胃のあたりがキリキリと痛みます。

高知のビヤガーデンは夏を待たず三月にオープンするところがあるくらい早い時期からスタートします。シティホテルの屋上も今シーズンの営業が始まり、大勢のお客さんで賑わっていますが、今年はそこにウチの機材はありません。競合メーカーの広告がところせましと貼りだされています。

　なんとも悔しいのですが「まずは現場を見に行こう」と山田マネジャーに声を掛けられ、一緒にシティホテルのビヤガーデンにやってきました。現場にはあの担当者もいます。その傍らにはなにやら上司とおぼしき人も座っています。

　山田マネジャーが「せっかく来たんだから挨拶でもしたらどうだ」と私を突っつきます。正直なところ気が進みませんが、二人のところに行って声を掛けます。「お疲れ様です。今日も盛況ですね」と営業の面の皮の厚さをフル活用です。担当者は「あれっ」という表情でしたが「いつもお世話になっています」と挨拶をすると隣にいる上司を紹介してくれました。

「今日も暑かったですね」と私。すると彼の上司が「そうだよ。夜も余韻はあるんだが、こういったところは暑い中で準備をしなくてはいけないので結構大変なんだ」と担当者に目をやります。担当者は苦笑を浮かべながらぺこりと頭を下げます。

　確かにそうです。一部にテントがあるとはいえ、炎天下で準備をするスタッフの皆さんの苦労は容易に察しがつきます。

「そうか」とその時一つのアイディアが浮かびました。いままで担当者に営業ができていないのであればこの状況をなんとか使えないかということです。翌日、シティホテルの事務所にコカ・コーラ一箱を持って伺います。営業所のマネジャーから特別に販促予算の中からもらったものです。

「昨日、お話を伺いました。毎日暑い中ご苦労様です。これ、皆さんで飲んでください」と担当者に声を掛け、事務員さんに手渡しします。

「いや、今年は別にお世話になっている訳じゃないからいいよ」と言われますが、「これまで大変お世話になっていますし、いまでもレストランや自販機でごひいきにしてもらっているので是非、休憩の時にどうぞ」と受け取ってもらいました。それ以降、何度かビヤガーデンにも伺い、その都度軽く挨拶することを忘れませんでした。

そして、その年のビヤガーデン最終営業日の翌日、会場の後片づけに朝イチで伺います。すでに競合メーカーが手配した業者が手際よく機材を回収し、搬出しているところです。軽く会釈を交わし、機材が設置されていたところに行き、頼まれた訳ではありませんが、来年の営業に備えて水回りを清掃し、オフィスに向かいました。

「今年はお手伝いすることができませんでしたが、次回は是非よろしくお願いいたします」と挨拶し、持ってきたコカ・コーラを担当者に渡して事務所を後にしました。

翌年の一月、シティホテルに伺うとまた新しい担当者です。やれやれ、これはまたしても厳しいことを言われるのかと思っていると「今年はあなたのところにお願いするから」と言われました。

少々拍子抜けでしたが、嬉しい話です。その理由を尋ねてみると「前任者から言われているし、上司からの指示もあり、今年はお願いします」とのこと。

後で事務員さんから事情を聴くと、どこのメーカーもオープンの前には熱心に提案に来るもののその後はビヤガーデンオープン期間中に数回来るだけ。後片づけも業者任せで挨拶に来ることはないそうです。

これまでの私たちと同じです。自分たちがお願いをしたいタイミングでは一生懸命だけど、相手が力を貸して欲しいタイミングには力を貸さないということです。

ところが昨年は自分たちが大変な時に、コカ・コーラ社の営業は、労いの言葉と飲み物を持ってきてくれて、その年の取引がなかったにもかかわらずシーズン終了時には片づけに来てくれた。そのことを担当者が上に報告すると、「ああ、彼か」とその上司は挨拶した私の顔を覚えていてくれたそうです。

この一件は、私に営業をする肝のようなものを幾つか教えてくれました。

・現在の取引先との関係はこれからも変わらず続くという保証はどこにもないこと

・買ってくれるまでの営業活動に時間と労力を集中させることが多いが、そこから先の「これから」に向けた営業を軽んじないこと
・取引先がどのタイミングで何をして欲しいのかを考え、実行すること
・相手が私たちの製品・サービスの導入を決定するのはこちらの営業活動だけでなく、相手の周囲の人たちの私たちに対する評価と言葉が大きく影響すること

これ以降、ビヤガーデンのような季節性の高い売り場だけでなく、すべての取引先に対して、いまのやり方のままで良いのか、何か相手のプラスになる自分ができることはないのか、と考えるようになりました。

最近では顧客との「協働取り組み」という言葉が随分と浸透してきましたが、いまだに多くの営業担当者が取引先のこれからのことを深く考える姿勢は持っていないのではないかと感じます。私たちはいかに商品を買っていただくかに多大な力を注ぎますが、お客様は買ってからに重きを置いているのです。さらに買った後、それを次も買いたいと思うのかということ。とてもシンプルですが、見落としがちな部分です。「これから」に向けて、相手を思う、こちらの顔が見える営業をするということです。

「顧客を創造する」

現在の営業は組織営業とも呼ばれ、複数の部署が連携して進めることも多くなりましたが、いまでも大半の商談は一人で行われています。このため営業は自分で進めるものと捉えられがちになり、営業のノウハウは属人的になりやすく、自分が見えている範囲が営業活動のフィールドになってしまうことが少なくありません。

「営業スキルは取引先との現場経験・商談で磨かれる」とよく言われます。

確かにその通りかもしれませんが、こういった昔ながらの考え方にこだわりすぎることが自分自身の足を引っ張ります。

じつは私もそのなかの一人でした。取引先への売り込みで上手くいった経験から得たものを人に教えようとせずに、自分の営業ノウハウを誰かに伝えようとか、こちらから誰かと協業して商談を進めようといったことを考えたことはありませんでした。

しかし、岡林シェフから紹介を受けた司厨士協会のネットワークは、いままでの自分の営業に対する考え方をガラリと変えるきっかけになったのです。顧客に自分たちの提案を採用してもらうことを目指すことは変わりませんが、その手前にある「顧客をいかに創造していくのか」に焦点を当てることによって、営業という活動そのものの広がりや深みが増していくのです。

司厨士協会の集まりにはじつに多くの方がやって来ます。レストランを経営している方、ホテルのシェフ、複数の飲食店を取りまとめている方、同じ「食」の分野ながら担っている役割はさまざまです。当然のことですが、私たちのフードサービスの商材を自分たちのビジネスに活かそうという考えがある訳ではありません。そんな人たちにコカ・コーラ社の商品・機材のことを理解していただき、顧客になっていただくのです。

岡林シェフに言われたことを念頭に、この会の場でも礼儀を持って相手の話に耳を傾けることに専念して話を進めました。フードサービスの商品を売り込むのではなく、相手が目指すもの、そのために望むもの、時には現場での困りごとが会話のテーマになるのです。会では全員が素の話をしてくるので、とても力になれそうにない話から私たちにとっては厳しい話まで、一切の遠慮はありません。説教を聞くような状況になることも一度や二度ではありません。このような状況は結構きついと思われるかもしれませんが、相手が本当に考えていることや日々感じていることを話してくれることが、ありがたくもあり、少し心地良ささえ感じてきます。なぜなら彼らが私のことを「一緒に自分の困りごとを考え、自分の仕事を手伝う存在とみなしてくれている」と感じるからです。

もちろんまだまだ実績も乏しい私ができることは限られます。わからないことは先輩や上司に相談し、援助を求めます。司厨士協会の方々にとってはじつに頼りない相談相手でしたが、結果としてそこから多くのお客様が生まれることとなったのです。

営業は社外のお客様に向かって行う活動がすべてだと思われがちですが、じつはその手前にある「顧客を創造する」という視点に立てば、自分の営業の場が大きく広がっていくのです。営業のノウハウというよりも、もっと根底にある「相手の力になれないか」といった単純な思いだけでも良いように思います。よく提案セールスやソリューション営業、インサイト営業といった言葉を耳にしますが、そもそも対象となる相手がいないことには営業活動自体が成立しません。

お客様を創造するきっかけは社内や自分が近しくしているサークルや会合などあらゆるところに存在します。

まず相手の話に耳を傾ける。そこから少しずつ歩みが始まります。「何かの役に立てれば」と真摯に思う。じつはこれこそが「顧客を創造する力」となるのです。

「交渉力」より「人に助けてもらう力」

営業活動のほとんどは社外で行われます。既存の取引先を訪問するのも、新規のお客様を創造し、開拓してくることもオフィスの中にいるだけではできません。どんなにオンラインによる営業活動が進んでもこの点が変わることはありません。また、多くの会社の営業現場では一人ひとりに目標が設定され、それに向かって個々が自分に任せられた領域で外に出て活動するという図式になっています。私たちの営業の場合でも同様です。

「営業活動とは何か」という問いには多くの答えがあると思いますが、会社にとって必要な収益をあげるための活動と捉えるなら、取引先を増やすといったいわゆる水平的な拡大と、一軒あたりの売り上げを増加させるといった垂直的な拡大の二つとなります。大雑把に言うと、この二つをしっかりと進めることができれば営業目標を達成することができるのです。

しかし、営業担当が一人で頑張るだけで成果を出し続けることは極めて難しいのです。独りの力だけで成し遂げられることはそれほど多くないというのが現実です。どんなに高いスキルを持っていても、独自のネットワークがあろうとも、一人だけでやれることはそんなに多くないのです。

「今日、機材の設置に行ったけどひどい目にあったぞ」

営業所で日報を書いている私に機材の設置担当の安岡さんが歩み寄って来て、唐突な一言です。

「何かありましたか」

状況が飲み込めないので問い返します。

「今日、設置依頼書に書いてあった場所に機材を設置し終えたら、店の人からここではなくて別の場所にしてくれと突然言われて最初からやり直しだ。おかげで他の予定を明日に回すことになった。しっかり話をしておいてくれてないとこっちは大変だ。営業は売ってくればいいのかもしれんが、俺たちはそういう訳にはいかないんだ！」

話しているうちに気が高ぶってきたのか、段々と声が荒くなっていきます。そう言われても商談の時に何度も先方に確認しているので思わず言い返したくなります。こうしたケースは日常茶飯事ですが、時間がたつと相手の考えも変わるのである程度は仕方がないのです。先方にも事情があるので、仕事とはこんなもんだと割り切ることが求められます。一方で安岡さんの気持ちもわからないではありません。きちんと指示通りの仕事をやったのに最初からやり直しになれば、腹が立つのも無理からぬところです。

「申し訳ありません。詰めが甘かったのかもしれません。もっと、相手に確認しておくべきでした」

　こちらとしても言いたいことはありますが、ここはぐっと我慢です。その時の私は謝りの言葉とは裏腹に憮然とした顔をしていたようです。

　その一部始終を吉永さんが見ていました。吉永さんは何年も前に身体を壊して、営業から機材の修理・設置部門に異動になったいきさつがあり、いまではちょっとした長老的な存在になっています。

「ちょっといいかな」

　奥の会議室まで一緒に来いと目で合図します。

「やれやれ、小言でも聞かされるのかなぁ」

　吉永さんに続いて会議室に入り、パイプ椅子に腰を掛けます。はす向かいに腰を掛けた吉永さんが、テーブル越しに話し始めます。

「俺は不本意ながらいまの部門に異動になったんだが、人とは違ったものがわかるようになった。それが何かわかるか」

　突然言われても、返答はできません。黙って吉永さんの話を聞くだけです。怪訝そうな表情の私に次の言葉が続きます。

「仕事には優劣とか上下はないもんだが、どうも同じ会社で仕事をしているにもかかわらず、そういう意識が見え隠れする時があるということだ」

「別に、私はそんなことは思っていませんが……」

ひとまず返事をします。少し上を向いて、吉永さんが続けます。

「そうかもしれんが、営業は『本社の企画がダメだから売れる訳がない』とか、本社で勤めている連中は『営業がしっかりやらないから売れるものも売れない』とか言いながら、自分のことを棚にあげて自分の都合でモノを言う。俺も営業時代は『機材修理や設置の担当者は言われたことをさっさとやってこい。俺たちが苦労して契約してきたものを指示通りにやるのが当たり前だろう』という気持ちだった。いわば彼らを少し下に見ていたのかもしれんな。ここのみんなは営業の連中と違って気の利いたことを言える訳でもないからなぁ」

さらに話が続きます。

「でもな。そういう気持ちは黙っていても相手に伝わるということだ。お前は安岡に『申し訳ない』と口では言っていたが、『ちっとも申し訳ないとは思っていない』というのが横にいた私にも伝わってきたぞ。そういうつまらないことで損をするな。私は営業からいまの部署にきて、こちら側から営業を見ることで、そういうものがあることがわかった。同時に自分が随分と損をしてきたことがわかったんだ。いいか、一緒に仕事をしている者をそういう目で見るんじゃない。相手の仕事を大事に思えば相手もこっちを大切に扱ってくれる。それがお前の大きな助けになるかもしれんぞ」

　自分ではそんなことを思っていないつもりですが、言われてみれば「こちらの苦労も知らないで……」とか「指示されたことをやってくるだけだろう……」といった気持ちがなかった訳ではありません。とはいえ感情的なものなので、頭で理解しても相手を大事に思うにはどうすればいいのかわかりません。

「まぁ、話を聞いてみることだなぁ」

　曖昧な一言を残して吉永さんは会議室を出て行ってしまいました。


　機材の修理・設置部門の部屋は営業とは少し離れたところにあります。いままではあまり行くことはなかったのですが、その後はなるべく顔を出して話をするようにしました。最初のうちは通り一遍のあいさつ程度でしたが、徐々に踏み込んだ話もできるようになります。そのうち彼らも、機材の故障対応に伺った際の得意先の様子や彼らの部署ならではのネットワークから得た情報を教えてくれるようになりました。何よりも私の得意先や私が開拓したところをしっかりサポートしてくれるのです。仕事なのでどこの取引先も同じように対応するのが当然ですが、なんとなく以前よりも良くなっているように感じます。社内で上手く立ち回ろうという訳ではないのですが、「社内営業」という言葉の意味とその大切さが少しわかったような気がしました。

私の営業は、こういった社内連携の力、社外の人たちとのネットワークの力で少しずつ変わり、成績も徐々に上向いてきたのです。そして、私がフードサービスに異動した翌年、日本コカ・コーラ社主催の全国セールスフォースコンテストがあり、その第一位になることができたのです。前述の司厨士協会の方々や修理・設置部門の人たち、それに周りの多くの人に助けてもらったおかげです。

商談における交渉力よりも「人に助けてもらう力」のほうが営業では大切なのかもしれません。

私がセールスコンテストで日本一になれた理由

改めて、ここまでの自分を振り返ると、ボトルや缶の商品を販売するレギュラー部門から、ファストフード店やレストランのドリンクバーのように、飲料の原液からその場でカップやグラスで提供する商品を製造して販売するフードサービス部門への異動は、まるで未知の山奥に足を踏み入れた感じでした。新規開拓担当と言われても、どこから、何をすればいいのかまったくわからない状況で、訪問先の厳しい対応にメンタルを鍛えられまくりです。

よく、人生は山あり谷あり、と言ったりしますが、フードサービス部門の山はかなりの高さでした。これを乗り越えた先に、希望の頂が待っていると自分に言い聞かせましたが、営業の山道は土砂崩れの連続です。

それでも、何とか道は見つかるものです。山の神ならぬ、営業の神様は、ちょっとものの見方を変え、いままでとは違った工夫をすることで、顔をのぞかせてくれます。違った見方や工夫によって自分の営業スタイルを大きく変えることができたのです。

その見方とは、自分たちの商品があったら、そこに集まる人たちが嬉しいところ、助かるところはどこだろうという視点。そういった視点から営業を考えることで、いままでに取引のない、家具店、パチンコ店、葬祭会館、といった大きなところを、相次いで新たな取引先にすることができました。それまでのレギュラー部門にいたころの営業時代には考えもつかなかったところでした。

さらに、フードサービス部門は仕事内容も特殊なゆえに、レギュラー部門ではほとんどなかった担当者レベルでの他のボトラー社との交流も容易にできる環境がつくられていました。

当時、全国には北海道から沖縄まで一七のボトラー社がありました。それぞれが違った地域環境で営業活動を進めています。それは見方を変えれば、さまざまな営業のノウハウが全国にあるということです。これを自分の営業に活かさない手はありません。上司の承諾を得て、クルマを走らせ、お隣の山陽コカ・コーラ社の営業担当を訪ね、そこでの商談のやり方、提案内容を、現場で教えてもらいます。幾度となく得意先への訪問にも同行させてもらいましたが、その度に、新しい発見がありました。

また、北海道を含めた他のボトラー社の営業担当者が、現場視察の名目で四国に来てくれました。もちろんこちらの営業方法、現場での活動を紹介します。しかし、わざわざ遠くから来てくれた彼らを自分の営業に使わないともったいない。ですから、取引先のチェーン店のオーナーに、「北海道から、是非、貴店を見させていただきたいとの要望があります。ご挨拶に伺わせていただけないでしょうか」といった具合にお願いに上がります。結構、調子のいい立ち回りですが、北海道の営業担当者にとって、こちらの店舗を訪問することが自分たちの営業の糧になるのは事実ですし、訪問先のチェーン店も悪い気はしません。遠路はるばる、自分たちのお店に訪れ、勉強させてください、と言ってくるのですから。

こうした活動が、私と取引先とのより強固な関係を築くことにつながったのです。

前述の調理師の会、さらには社内営業で良好な関係となった他部署の協力。すべてを営業の力とすることで、業績も一気に向上してきました。新規開拓件数、機材の設置台数は、いつしかトップです。その年の売上は前年の一・五倍となり、さらに翌年は前年比で一・二倍と連続で二桁のアップです。

こうやって、高い山を乗り越えることができたのです。

その後、全国のボトラー社からの選抜メンバーに選ばれ、日本コカ・コーラ社での販売促進資材の開発会議に参加、さらには、浦安で開催された全国セールスフォース大会では五〇〇〇人の前で自分の営業活動をプレゼンすることとなったのです。

私がセールスフォースコンテストで全国第一位になることができたのは、私に特別な能力があった訳ではありません。私が日本一になった理由を挙げるならば、いままでの延長線上に囚われず、ものの見方を変え、営業に工夫を加えたこと、社内外にネットワークを築いて多くの人に助けてもらったおかげです。

第3ステージ

日本コカ・コーラ

安定したレールは存在しない

全国セールスフォースコンテストで一位になった後、信じられないことが起こります。なんと日本コカ・コーラ社への出向のお誘いです。当時は全国のボトラー社から出向するという前例はありませんでした。

もちろんボトラー社の一つである四国コカ・コーラ社に所属する現場の営業担当者にとっては前代未聞の話です。

出向依頼の理由は、「実際に現場で働いている実務者の考え・意見を取り入れ、より効果的に営業活動を支援する企画やツールを開発する」ということです。このため営業現場とつながりを持ちながら、さまざまな企画やツールの開発を進めることなどが仕事になります。私にとっては未知の領域ですが、新たな場所、新たなチャレンジに胸は高鳴ります。

私が所属している地区統轄部の小林部長も「光栄なことじゃないか。東京に行くことで得るものは大きいぞ」と応援してくれます。

そんなある日、四国コカ・コーラ社の営業本部長から高松の本社に来るようにとの連絡が入りました。常務も同席で面談があるとのことです。「いよいよ正式に東京出向の辞令が下りるのか」との期待を胸に意気揚々と本社に向かいます。

月に一度の営業担当者の会議で行くことはあってもこうした用件で行くことはありません。ましてや会う相手は営業本部長と常務です。緊張しますが、晴れやかな場になることは疑いようがありません。心が躍りました。

朝早く高知を発ち、高松の本社の駐車場にクルマを停め、会議室に入ります。少し待っていると二人が入ってきました。営業本部長と常務が少し離れたテーブル越しに並んで腰を下ろします。

テーブルに両肘をつき、手を組んで、営業本部長が開口一番こう言いました。

「残念だが、この話は断ってくれんか」

「えっ！」

その後、言葉が出ない私。常務は黙ったままこちらを見ています。

「まだまだ君にはこちらで頑張って欲しい。わかってくれるな」

営業本部長から二の矢が飛んできます。なんだかよくわかりませんが、「出向しないと自分から言え」ということのようです。またとない光栄な話だと聞かされ、自分でもそう思っていたので、真逆の展開に頭の整理がつきません。

「はぁ、でも……」

重い空気の中、しばらく沈黙の時間が続きます。

「まぁ、ゆっくりここで考えてくれ」

二人は会議室を出て行ってしまいました。座敷牢のような会議室に一人残され、思いもよらない状況に情けないやら、悲しいやら。いろいろな感情が交錯し、思わず天を仰ぎます。同時になんとも言えない怒りがこみ上げてきます。

一時間ほどたってから、お弁当が運ばれてきて、その後二人が入ってきました。昼食をとりながらこれからの自分の処遇や来年はこうして欲しいなどと聞かされましたが、さっぱり頭に入ってきません。「いいか、断るんだぞ」と何度も言われましたが、何も返事をせず、営業本部長の「帰ってから正式に断りの返事を聞かせてくれるように」との言葉を背中に本社を後にしました。

高知に帰る途中の公衆電話から小林部長と今回の話を持ってきてくれた日本コカ・コーラ社の藤野マネジャーに報告し、その日は意気消沈して帰る羽目になりました。

翌日、藤野さんから電話が入ります。「あえて本部長や常務の意向に逆らってでも出向する意思はあるのか。上の意向に反して出向し、期間を終えて帰るということにはそれなりの覚悟が必要、その覚悟はあるのか」と問われました。「はい」と返事をすると、「ならば返事をせずに待っていなさい。ただし、仕事は普段通りにやるように」と言われました。何が起こるのかはわかりませんが、待つしかありません。

数日が過ぎました。その日は司厨士協会の会議が山口市で開催されるので、岡林シェフと一緒に山口市内の会場に入っていました。お昼を過ぎた頃、私あてに電話が掛かってきているとの呼び出しを受けます。

「こんな出先まで誰からの電話だろう。何か現場で問題でも発生したのか」

小走りに会場の事務所に向かい、電話の受話器を受け取ります。

「おー、すまんなぁ仕事中に。渡辺だが」

「申し訳ありません、どちらの渡辺様でしょうか」

「社長の渡辺だ」

「社長⁉　渡辺社長ですか！」

電話口の相手はどうやら四国コカ・コーラ社の渡辺社長本人です。

「ちょっと聞きたいんだが、東京に出向する気はあるか」

「はい。できれば行きたいです」

「よっしゃ、わかった」

その一言で電話は切れてしまいました。

一瞬のやり取りで、何が起こったのかわかりませんでした。

翌日、オフィスに行くと、小林部長から「まだ正式ではないが、おめでとう。東京に出向が決まったぞ」と言われました。

後で聞いた話ですが、藤野さんから営業本部長と並んで四国コカ・コーラ社で重要なポストの管理本部長の佐々木さんに、「この件を直接渡辺社長に話して欲しい」と働きかけてくれていたとのこと。佐々木さんは藤野さんのこともよく知っている方でした。その佐々木さんが偶然渡辺社長と日本コカ・コーラの会議で東京に出張することとなり、羽田に向かう機内で「そう言えば山岡の出向の話はどうなりましたか」と社長に話しかけてくれたそうです。

渡辺社長からは「本人が行きたくないと言っていると聞いたんだが、ボトラー社からの出向第一号だというのに、まったく残念だなぁ」との返事があり、佐々木さんは「それはおかしいですね。私は行きたくないとは聞いていません。一度山岡本人に確認してはいかがでしょうか」と言ってくれたそうです。渡辺社長はそれを聞いて感じるものがあり、私の意思を確認する電話を出先まで掛けてくれたのです。

数日たって再び本社に来るようにとの連絡が入りました。前回と同様に会議室に入ります。営業本部長と常務はすでに会議室に座っています。

「日本コカ・コーラに出向することになっておめでとう。頑張ってきてくれるか」

営業本部長が私の肩を叩きます。な、なんだ、この豹変ぶりは。

「期待に応えていい仕事をしてきてくれ」

常務が続きます。もはや驚きしかありません。前回、本社に来た時の会議室は私にとって座敷牢のようなものでした。自分の意志とは違う返答を強要され、それに逆らうことは厳しい結果を招くことにもなりかねません。上司が望む返事をしないままの状態は、針の筵に座らされた思いでした。その場で自分を押し殺し、その場で聞かされた安定していそうな道を選ぶことのほうが正しいのではないか、その時は混乱して上手く考えがまとまりませんでしたが、帰りのクルマの中で改めて考えてみると、とてもそうは思えませんでした。

もともと世の中には安定した道などありません。自分で考え、判断して、とんでもない状況に陥ることがあっても、自らが決めたことならばそれでよしとするしかありません。自分で決めなければきっと後悔することになります。

周りの人の大きな助けがあり、私の人生の大きな分岐点になる出向が決まりましたが、この座敷牢で得たことが現在の自分の居場所をつくっている。いまではそう思っています。

そのようにしてやってきた東京ですが、最初はいままでとまったく違う仕事と職場環境に戸惑うことばかりでした。私の知る日本企業の多くは、朝、真面目に「おはようございます」と挨拶しますが、日本コカ・コーラ社ではスタッフが副社長に向かって、「ハーイ、調子はどう」といった具合にすごくフランクです。朝から眉間にしわを寄せるようなことはしません。

そこでの私の仕事は、前述のように営業活動を支援する企画やツールの開発。いままで現場担当として、お店に取り付ける広告物や提案書をつくってきたのとは勝手が違います。

さらに日本コカ・コーラ社は外資系企業。周囲は外国人だらけ。英語もちんぷんかんぷんな私は満足にコミュニケーションを取ることもままならないのに、相手はそんなことはお構いなしに突っ込んできます。なぜなら、そのポジションに就いているのだから、対応するのが当然だという意識があるからです。

「なぜ、あいつにこの仕事をさせるんだ。できないなら、とっとと四国に帰ればいいのに」

人づてにこんな言葉も聞こえてきます。これまでの営業でメンタルは結構、鍛えられていたつもりでしたが、精神的にもかなり疲れてきます。なんとなく身体が小さくなって、硬くなるような感触を抱えながらの毎日が続きましたが、そこで学んだ仕事の進め方が、私をより成長させてくれることになったのです。

一度決まったことを蒸し返さない

これまで多くの会議に出て感じていたことですが、一つの取り決めを進める際、最初に決めていた大きな枠組みに対して、細かな話に入った段階で、最初の枠組みに戻って、話を蒸し返す人が出てくることがあります。そうなると議事が上手く進まず、訳がわからなくなったり、なんとなく曖昧な結論で終わったりすることが少なくありません。

ところが、日本コカ・コーラ社の会議ではこういった場面に遭遇することは稀でした。会議で合意がとれたものに関しては、そこに戻ることはなく、それを傘とした各論で自分たちの考えを出し合い、意見をぶつけ合うのです。口論のようになったりすることはありますが、各論から総論に戻るようなことはありません。

その日は朝から会議です。会議の目的は次回の営業担当者会議でどういうテーマを取り上げるのかということです。最後に二つのテーマに絞られ、散々意見を出し合ったあと東阪名（東京・大阪・名古屋）の軸で営業施策を取り上げることに決まりました。

もう一つの各地の施策を取り上げるテーマも捨てがたいのですが、明確なテーマを決めるのが目的なので一つに絞ります。たとえ四九％対五一％の支持の違いでも、一度五一％でいくと決まれば、以降は四九％の話は一切ありません。五一％をいかに上手く進めるのか、それをどうするのかに全員が集中します。

会議を終えて、隣に座っていた山本さんに話しかけます。

「ここでの会議は本当に結論がはっきりと出るんですね。私がいままで出ていた会議では、これほどきちんと合意がとれることはなかったので、ちょっと驚きです」

山本さんは普通のことのように答えます。

「会議でも何でも同じで、最初にその場の目的、つまり何を決めるのかを全員に伝え、それに向かって話が進むよね。一度、大枠が決まれば、それに沿って話をするのは当然と言えば当然。ここは自分の考えを出し合う場であるけど、みんなで目的を達成させる場だからね。他のことはよくわからないけど、結構、曖昧な結論になってしまう会議をやっていると聞いたことはあるよ。でも、それじゃ、みんなの時間を奪うだけの場になってしまうでしょ」

私はそういった場を何度も経験してきました。さらに山本さんが続けます。

「よく会議に出て、何も発言せずにいて、会議が終わってから、あれはどうだとか、こういうことが抜けているなどと言う人がいるでしょう。そういう人のことをここでは『臆病者』と呼ぶからね」

なんとも厳しい言葉ですが、確かに何も発言しなくては貢献度ゼロ。会議が終わってから、あれこれ言ったところで何の意味もありません。せっかくの結論に水を差し、話を進めていた人の気分を損なうことになるだけです。

会議だけではありません。二つのうち、どちらにすれば良いのか迷う場面には毎日のように遭遇します。でも自分が一方に行くと決めたら、それをいかに進めるかに集中しないと、ものごとを具現化することはできません。営業現場でも小さなことから大きなことまで、同じことが起こり、何らかの意思決定が要求されます。

一度決まったことは蒸し返さない。その決定に基づいてどう行動するのか。後ろに戻っていたのでは目的は達成されません。基本的なことに改めて気づかされます。

一〇分で考える

外資系企業の上司の下で働くようになってから驚いたことの一つは、仕事におけるスピード感の違いです。

「これについてアイディアを考えて欲しいんだけど、一〇分待っているから考えを聞かせてくれない?」

これも藤野マネジャーからのリクエストです。

「え、じゅ、一〇分ですか」

いままでこういった場面では、急いでいる状況であっても、明日までに考えてきてくれと言われるのが普通でした。書面でまとめて提出する場合には二～三日程度の猶予があったものです。ところが、藤野さんから要求された時間はわずか一〇分です。とてもまともなものが出せるとは思えません。しかし、何らかの考えを形にして出さなければなりません。

短い時間にアイディアを絞り出し、ほとんど殴り書きのような文字で考えをまとめます。とても社内で提出する書面とは言えない代物ですが、私が一〇分でできるものはこれで精一杯です。ところが藤野さんは私が出したアイディアを丁寧に読んでいきます。急いで書いた私の文字はところどころに判読できない箇所があり、彼女はその都度、私に質問します。以前の上司であれば「なんだ、この雑なレポートは」と叱り飛ばされるところですが、そのあたりはまったく意に介さない様子です。

一通り目を通した彼女がおもむろに「この部分は面白いけど、この箇所はもう少し工夫が要るわね」などと指摘します。ちゃんと目を通して、ポイントを私に伝えてきます。

「承知しました。わずか一〇分なので、きれいにまとめることができませんでした。以前なら翌日までとか、もっと時間をいただいていました。作り直しましょうか」

「作り直す必要はありません。一〇分という時間はわずかなんかじゃないの。大事なのは集中して、いかに仕事の濃度を上げるかということ。確かにきれいなレポートが必要な時もあるけど、こういったものはそうでなくても全然構わない。要求しているのはそんなことじゃないの。集中して出したアイディアが欲しいの。そこのところがわかっていないと、無駄な仕事に時間を使うことになるからね。ここではそんな生産性が低いようなことをしていると持たないわよ」

藤野さんは私が渡した紙を持って、さっさと自分の席に戻っていきました。

日本人は勤勉だとよく言われてきました。それまで、私が働いてきた職場でもほとんどの人が遅くまで一生懸命に働いていました。もちろんそれは大切なことだと思いますが、先進国との比較では、日本の生産性はずっと低いままで推移しています。その原因の一つが、いま、彼女に言われたことのように思えました。彼女が言った「集中して、自分の仕事の時間を大切にする」ことができているのか、改めて考えさせられます。

場面に応じた仕事をする。この場合であれば提出書類はきれいでなくても構わない。なぜなら要求しているのはそこではないから。遅くまで働いていると「頑張っているね」と言われることもありましたが、それまでの自分の仕事を振り返ってみると、結構、無駄な仕事を自分でつくりだしていたのではないかと思います。

キャッチボールのできないコミュニケーションはあり得ない

会話は相手とのやり取りがきちんとしてこそ成立します。ところが私を含め多くの人が、必ずしも上手い話し手、聞き手ではないように思います。よく日本人は曖昧なところがあっても受け入れる、言わなくても相手の気持ちをある程度は理解するなどと言われますが、これはほとんどの人が同じ文化を共有しているからだと思います。ところが外国人とのコミュニケーションでは通用しません。以心伝心はないのです。はっきりと言葉にしないことは伝わらないというのが基本ルールです。そして会話のキャッチボールをきちんとすることが求められるのです。改めて、そのことに気づかされることになりました。

「このプランなんだけど、A案とB案のどっちがいいと思う?」とロブが聞いてきます。渡されたプランを見て、「もっと具体的な事例があったほうがわかりやすいと思うけど」などと返事をします。

「いや、僕が訊いているのはどちらがいいと思うかなんだ。これについての意見を求めている訳じゃないんだ」

結構ドライな返事ですが、確かにその通りです。彼から聞かれたことは、A案とB案を比較してどちらが良いと思うのかだけです。この場合なら先にどちらが良いかを答えてから、その理由を伝えるのが話の順序です。

少し堅苦しいように思えるかもしれませんが、そもそも相手の投げかけに応えることができなければ、双方向の会話にはならないのです。以前の仕事の場ではよくこんな会話を耳にしました。

「この前お願いした案件、もう半分くらいは進んでいるか」

「進めているうちにちょっとした問題が見つかりました。いま、先方に確認してもらっています」

相手は半分くらい進んでいるのであればYES、そうでなければNOの質問をしているにもかかわらず、それに答えることなく別の話をしています。これでは齟齬が発生しかねず、トラブルにつながることもあります。

商談の場では、二者択一の話が先方から出た時に、その二つ以外の代替案を出して交渉をリードするという進め方もありますが、あくまでもそれは流れをきちんと意識したうえでのテクニックです。無意識に曖昧な会話を進めると、相手にとってはストレスになることもあります。

これまでの営業現場で数多くこういった経験をしてきましたが、相手の話をきちんと聞いて、ふさわしい応対をすることが成果に大きく影響します。それは普段の仕事、生活の場でも同じです。この点を改めて意識すると会話が随分と楽になりました。

「A案とB案、どちらが良いと思いますか」

「B案が良いと思います。なぜならば……」

相手の話に耳を傾け、何を伝えるのかを意識して、こう応えるようにしています。

なぜその仕事は必要なの？

よく「手段が目的化してしまう」という言葉を耳にしますが、私が一緒に働く外国人たちはこのことを極端に嫌っていました。それまであまり深くは考えなかったのですが、言われてみると至るところにそういったことを目にします。いままでやってきたことをそのまま続けているけれど、いつの間にか何のためにやっているのかがわからなくなっている……。意外とそうしたことは日頃の仕事でも多くないでしょうか。「当たり前になっている感覚」に気をつけなければならないのです。

現場で営業をしていた頃、日報という日々の活動の報告書を書くことが仕事の一部でした。どこの店にどんな広告物を何点取り付けたか。どんな商談をして、相手の反応はどうだったのか。こんなことを事細かに所定の欄に書き込み、上司に報告するのです。

営業担当であれば、このような報告をするのは当たり前かなと思っていました。その一方で営業所に戻ってくるのが遅い時や早く帰りたい日は、いい加減に書いたりもします。徐々に書くこともマンネリ化して、同じような内容が続くようになります。

上司も日報に目を通し、商談について状況を訊いてくることはありますが、細かな項目について話をすることはほとんどありません。日々の活動の中での困りごと、必要なことを直接伝えればよいのではという気にもなってきますが、ルールとして決められていることなので、ずっと日報を書いてきました。

ところが日本コカ・コーラ社ではそういったことが一切ありません。逆に頻繁に言われるのが、何のためにやっているのか、それをやったらどんな効果があるのかということです。

ある日、資材開発の資料をまとめる時に、必要な情報を集めてレポートにしたところ、一枚で終わってしまいました。なんとなく自分のやった仕事が軽く見られそうな気がして、あればよいレベルの情報を追加して、結構なボリュームでレポートを仕上げました。意気揚々と藤野マネジャーに提出しましたが、レポートを読み終えた彼女は強い口調でこう言ってきます。

「誰もこんなことは頼んでないわよ。私が必要なのは最初の一枚だけ。あとは全部要らない。こんな無駄な仕事をするんじゃない」

一枚だけ書類を抜き取り、残りはバサッと突き返されます。

「仕事と余計な作業とを混同しないで。やっていることが目的を達成するためでなければ、それは単なる余計な作業だからね。会社にとっても無駄だし、何よりもあなたがやったことが何も役に立たないなんて、やりきれないでしょう」

こちらの意図を見透かされているようで汗が出ます。こういったことは、じつに多くの会社で見られることではないでしょうか。毎月のようにまとめているけど誰も読まず、何に使われているのかよくわからないレポート。仕事の効率化のために導入されたはずが、結局のところ手間ばかりが増えてしまっても、なんとなく使っているシステム。外部に委託するほうがいいけれど、いまそれをやっている人の仕事がなくなってしまうので、そのまま継続している業務。

スタートした当初は目的があったのでしょうが、環境の変化で不要になったり、形骸化していることもあります。それを見直すことなく、なんとなく作業をしていると、何かしら仕事をしている気持ちにはなりますが、実際には大きな無駄になっていることが少なくありません。

仕事においても、自分自身にとっても大切なことは、いま行っていることは自分たちのゴールに向かうためになっているのか、ということです。

仕事を進める順序を間違えない

日本コカ・コーラ社という外資系企業で働くことで得た最も大きな学びは「考えて、行動するまでの順序を正しく進める」ということです。これは、私にとって、仕事のみならず、自分の人生における最大の資産ともいえる学びです。

私が学んだ「考えて、行動するまでの順序を正しく進める」ことを整理すると次のようになります。

1　まず状況を把握すること。これは事実ベースで現状を捉えることです。

2　次に問題を整理し、課題を抽出する。ここでの問題は目的の障害となる事象を指し、課題は目的とする状態とのギャップです。これを解決すれば目的を達成できるというものです。

3　目的を達成するための目標を設定します。何を、いつまでに、どのくらいといった数値で表されるもの、もしくは、ありたい姿、具体的なかたちといった目に見えるものが目標にあたります。

4 目標が定まったら、それを到達に導くための戦略を立てます。

戦略的という言葉は頻繁に使われていますが、少し曖昧に捉えられているのではないかと思います。戦略は方向性とも言われますが、目に見えないものです。それゆえに、指針といったほうがわかりやすいかもしれません。

5 戦略で方向性を定めたら、戦術を立てます。戦術はどのように活動を進めるのかという具体的な施策になるものです。

6 最後に戦術を活動レベルで実行に移すということになります。

じつはこの考え方で行動ができているか否かが、仕事のできる、できないに大きく影響します。営業現場の例をあげれば、担当地区の今月の売り上げが目標を下回っているので、なんとかマイナス分を補うよう指示を受けたとします。ここでありがちなのが、「じゃあ、この製品を値引きして売ってこよう。この店にお願いしに行こう」といった具合に、戦術からいきなり始めるというパターンです。いわゆる交渉事が上手い人、営業トークが優れている人ならそれである程度はできるのかもしれませんが、長くは続きません。

このケースであれば、売り上げが低迷している状況を把握して、何が問題でどういった課題があるのかをつかむことが最初に行うことになります。課題が見えてくると解決に向けた戦略が立てられます。戦略を立てたうえで戦術を考え、具体的な活動を進めていく訳です。闇雲に活動を始めても、効果が得られないばかりか逆効果のことをしてしまうことになりかねません。

日本コカ・コーラ社で働くようになって間もない頃、藤野さんから店頭での販促プランを考えるよう指示がありました。早速、一つのプランを立てて提示します。現場で培った感覚の見せどころです。

「セットメニューを対象にしたポイントをためるプロモーションはいかがでしょうか」

「なぜ、そのセットメニューなの。どうしてポイントにしたの？」

シートに目をやりながら、最初から切りかかってくるような質問が飛んできます。

「はい、これがいまのトレンドですし、ポイントプロモーションは他より高い効果があります」

なんとか切り返します。

「根拠は何、現状はどうなっているの？」

「現状ですか……、現場経験からこれが一番だと判断しました」

たちまち返答に窮します。

「根拠はないのね。じゃ、どんな方向で進めようと考えたの。目標はどこ?」

「方向ですか……、目標……」

もう次の言葉がありません。

「現状もわからない。方向性もはっきりしない。目標もない。闇雲に考えて、これをやろうじゃ、本当に市場の現状に応える販促にならないじゃない」

いきなり具体策から考えたのですから、その傘となる考えがないのは当然です。しかし、よく考えてみると、何もわからないまま行動を起こすのと何ら変わらない状態は確かに無謀です。

営業は、個人的な交渉スキルやその人が持つ独自の強みが取りざたされますが、どんなに個人的な能力に秀でていても、アプローチする方向を間違えていると目指す成果は得られません。

戦術は戦略に勝てないのです。「考えて、行動するまでの順序を正しく進める」ということです。

私たちの店で買い物をしたことのない営業は信用できない

日本コカ・コーラ社に出向してからわかったのですが、仕事では、昨年と同じことをしてもあまり評価されません。そのため組織全体でも個人が携わる仕事でも、何かしら新たな取り組みが導入されます。その一つとして店頭起点の提案チームを編成し、全国を回るという活動が立ち上がりました。スーパーマーケットでの営業活動を顧客の視点で活性化しようという取り組みです。市場データや業界の情報だけで店頭活動を考えるのではなく、一軒一軒のお店の実情に即した提案や販促活動を進めようというものです。具体的には店頭で来店したお客様にアンケートをお願いし、お店に対する要望や意見を聞いて、それを基に売り場やお店づくりの提案に結び付けていくという地道な活動です。

私もこのチームに参加することになりましたが、来店したお客様の多くは突然店頭で声を掛けられてもすんなりとアンケートに応じてはくれません。私たちを避けるように店に入っていき、声を掛けてもそっけなく断られます。それでもなんとか一日中店の前でお客様の声を集めて提案を取りまとめます。

こうした活動を進めるなか、実際にスーパーマーケットで実務を担っている方から意見をお聞きしようということになりました。

今日は全国展開をしているスーパーマーケットチェーンのマネジメントをしている井口常務を招いての勉強会です。井口さんに対して「こんな現場活動を進めていきたいがどう思うか」「小売店から私たちに望むことはどんなことがあるのか」という質問をしながら活動のヒントにするというものです。こちらからの問いかけが一区切りついた頃です。井口さんが私たちを見回してこう問いかけます。

「皆さんの取り組みは素晴らしいと思います。お客さんの生の声は少々厳しいものでも自分たちのお店づくりに活かしていきたいですね」

井口さんが続けます。

「ところで皆さんはそのアンケートをとったお店で実際に買い物をされましたか。私どもは全国チェーンなので共通のフォーマットでお店づくりを行い、売り場も統一されたものになっています。しかし、実際のお店づくりや売りモノは、それぞれの立地によって少しずつ変えていかなければ地元に密着した存在にはならないのです。その違いやちょっとした工夫は実際にそのお店を利用しないとわからないのです。皆さんがアンケートの結果だけから提案を考えているのであれば、そこには皆さんの思いが宿っていないことになります。そのお店のカゴを持って実際に買い物をしましたか。店内のお客さんの様子をご覧になりましたか。そこの惣菜を食べてみましたか。そうしているのであれば、その時どのように感じましたか」

私たちは返事に窮します。確かにその通りです。私たち営業に携わる者の間では「顧客視点」や「現場を起点として考える」という言葉を使いますが、それを心底理解するための行動をしているのでしょうか。

「おそらくこういうことなんだろうな」と考え、人から聞いた話や調査データだけで相手の視点に立っていると思い込んでいるのではないかと気づかされました。井口常務のお話はとてもシンプルで最も大切な部分を指摘しています。井口さんがさらに続けます。

「私たちはお店づくりに関する提案を数多くいただいています。その時に毎回私が質問することの一つがこれです。私たちのお店で買い物をしたことがない営業の方の意見はこちらには届かないですね」

あらゆる仕事の基本がこの言葉に詰まっています。

人と一緒に働く際の三つのルール

私が日本コカ・コーラ社に出向した時に藤野マネジャーに言い渡された、業務委託先と仕事をする際の三つのルールがあります。これは、現在も守り続けていることです。

1　指示を明確に伝える（なぜこれをやって欲しいのか、いつまでにどのような成果物が欲しいのか）。

2　仕事を評価する（結果に対し、良い点をほめる・課題も伝える）。
3　支払いは迅速に行う・値切らない（相手先の財務状態を思いやる）。

なぜ、この三つが大切かというと、これを守らないとブランドに傷がつくということです。コカ・コーラはすべてのステークホルダー（商品を買ってくださるお客様を含めたすべての利害関係者）を大切にするという大きな約束事があります。営業活動の視点と同様に、すべての人がお客様なのですから。

それは自分たち一人ひとりの信頼にも大きく関わってくる大切なルールでもあるのです。

比較的大きな会社に勤めている人に多いように感じますが、心のどこかで「相手に対して仕事を与えている」といった傲慢な気持ちが少しでもあると行動に出てしまうのです。私はこのことを後に改めて思い知ることとなりました。

会社は法人と呼ばれますが、仕事は生身の人間が行います。人はそれぞれ自分の考えがあるので同じ言葉を聞いても人によってまったく違った反応を返してくることもあります。仕事においては、こちらがやって欲しいことと、相手がやってきたことに齟齬があると、そのままお互いの損失になってしまいます。これを避けるために指示を明確に伝えるということです。しかし、社内外問わずこの手の行き違いは至る所で発生しています。

時には経済的な支障だけでなく、会社同士、人間同士の関係を損なうこともあるので注意の払い過ぎはないのですが、人間は学ばない動物なのか一向に行き違いは減らないようです。ですからまず一番目は「指示は明確に伝える」のです。

二番目の「仕事を評価する」ことは、別に文句を言ったり、批判することではなく、やっていただいた仕事の結果のみならず、その過程にも目を向けて、「いかに、こちらが助かったのか」を伝えるということです。やってもらって、ここは良かった。この点に気を付けてもらえばもっと良くなる。「この部分は大変だっただろうな」と思うことに対して礼をもって伝えるということです。これをやることで、相手のモチベーションを高めることができ、人間関係も強くなり、結果として仕事の質も変わってくるのです。

支払いに関しては、言わずもがなです。

私はあるイギリス人の上司と上手くいかず、出向期間を終え帰任するにあたっても望む状況でないことから、コカ・コーラ社を離職し、一ヵ月ほど無職になった期間がありました。この時に痛感したのが、本当に人の態度が変わるということでした。会社という後ろ盾がなくなるとはこういうことかと思いました。会社を辞めた途端に掌を返したように言葉遣いが変わり、急に私を見下したような粗雑な態度をとる人がいるのです。

その一方で取引先の皆さんからは本当に優しい言葉を掛けていただき、なかには仕事を探してくれた方もいました。結局は元のコカ・コーラのグループ会社に収まったのですが、この時の経験は私のそれまでの人に対する意識を大きく変えました。その時、取引先の一人である秋田さんが私にこう言ってくれました。

「他の人は私たちを単なる仕事の振り先としか見ていないことが伝わってくるのです。嫌な思いをするということではないけど、一緒に仕事をしているという感じではなかったんです」と。続けて彼は「山岡さんはきちんと私のことを見てくれて、一緒に仕事をしてくれてありがたかった」と言ってくれました。

しかし、私がしていたことは至極、当然なことです。やって欲しいこと、望む成果物を相手が理解してくれるまで伝えること、その成果を分かち合い、良かったこと、こうしたらもっと良くなることを話し、仕事に対する対価をきちんと払うこと、これだけです。思いがけない秋田さんの言葉から、改めて、三つのルールを守ることの大切さを知ることとなったのです。

仕事の向こうにある人を見る。この三つのルールをいまでも大切にしています。

第4ステージ

人の力・モノの力

人を大切にすることで道が開ける

最近は様変わりしましたが、以前は新卒で採用された会社に定年まで勤め上げる人がほとんどでした。

私も入社前はずっと四国コカ・コーラ社に勤めようと思って就職した一人でしたが、人とは大きく違ったキャリアを歩むことになりました。

四国コカ・コーラ社から日本コカ・コーラ社に出向する際、営業本部長から「自分から出向を断るように」と言われたことに対し、日本コカ・コーラの藤野マネジャーから「上の意向に反して出向し、期間を終えて帰るということにはそれなりの覚悟が必要、その覚悟はあるのか」と問われた話は前述しましたが、その覚悟を実際に問われる日がやってきました。二度目の出向を終えて、さあ四国に帰ろうかというときです。本部長から「帰ってきたら、わかっているな。ただではすまさないぞ」と電話で言われたのです。

二度の出向期間は八年を数え、家族を東京に残して四国に単身帰ろうという矢先です。このまま帰って不本意な境遇で自分が望まない仕事をすることになるかもしれないと思うと一気にやる気がしぼみます。いままで多くの人のお世話になったのですが、それを少しでも活かせる雰囲気ではなさそうです。

結局、四国コカ・コーラを辞める、という決断をしました。高校に通う長男、中学生の長女がいて、これから多額のお金が必要な時期です。四六歳になって次の仕事も決まらないうちに退職するのは無謀きわまりないことです。友人からも「猿は次の枝をつかんでからいままで握っていた枝から手を離し、木を移るんだ。そうしないと落ちてしまうからな。いったいどうするつもりだ」と言われる始末です。転職エージェントへの登録もなく、これといった当てもありません。猿以下です。家内には何も言っていないので、仕方なくいつも通りに家を出ますが、行くところもありません。渋谷の通り沿いにあるベンチに腰を下ろし、さてどうしたものかとあれこれ考えますが、妙案は浮かんできません。本当に進退窮まるという感じで空を仰ぎます。

こんな日が数日続きましたが、ある時、日本コカ・コーラ時代にやり取りをしていた委託業者の倉田さんから連絡が入ります。

「山岡さん、コカ・コーラを辞めたそうですね」

「ええ、まぁ……、いま、無職です」

仕方ないので正直に答えます。もうコカ・コーラ社の人間ではないので、いまさら私に連絡をとっても彼には何もメリットはありません。何だろうかと思いながら話を聞いていると

「自販機のオペレーターの会社に入ってはいかがですか」と思いもよらない言葉を聞かされます。それを皮切りに相次いでお付き合いしていたサプライヤーさんから連絡が入ります。タイヤメーカー、玩具メーカー、酒類メーカーなど結構な企業の紹介を受けます。

数日後、カルピス社の役員をしていた小山さんから電話がありました。「まだ決まっていないのならビール会社はどうだろう。先方の人事部長を紹介するので、この日を空けておいてくれないか」と、またとないお誘いです。社名を伺うと業界ではトップメーカーです。

「え、そんなこと、あ、ありがとうございます」と御礼を述べて電話を切ります。

小山さんからはこう言われました。

「ウチの製品が不具合を起こした時、おたくの本社の担当者からは散々厳しいことを言われた。でも、結局現場を回って対処してくれたのは山岡さんだったからね。あの時は本当に助かったよ」

さらに頭が下がることが起こったのはこの数日後でした。藤野さんから「コカ・コーラナショナル　セールスの社長との面接を取り付けたからね。営業の仕事かどうかわからないけど、準備しておいて。面接は明日だからね」との連絡が入りました。しかし、明日はビールメーカーの人事部長との面接の日です。

藤野さんは小山さんとも親しくしており、明日の面接のことを伝えると「わかった。小山さんと話をするから」と言って電話を切ってしまいました。

その後、小山さんから私に連絡がありました。「藤野さんから話があったんだが、やっぱりコカ・コーラで働くほうが私もいいと思う。ビールメーカーの人事部長に連絡して、お騒がせして申し訳ない。今回はなかったことにしてくれないかとお詫びの電話をいれておきました。丸く収まったからね」とのこと。電話でお話を聞きながら何度も頭を下げました。

藤野さんが日本コカ・コーラの役員、グループ会社の社長に話をし、なんとか私を雇ってもらえるようにと奔走してくれたと聞いたのはその後のことでした。

この時の御礼は返しようがないほどのものです。おかげで私は定年までコカ・コーラで働くことができたのです。

ただし人とは少し違ったキャリアになりました。四国コカ・コーラ、日本コカ・コーラ、全国のグループ会社の研修機関であるコカ・コーラ ラーニングセンター、コカ・コーラ ナショナル セールス、コカ・コーラ カスタマー マーケティング、コカ・コーラ ジャパンイ ンクとグループ内の六つの組織での仕事を経験することができました。

「決して人を粗末にしないこと」――その大切さは辞めた時に気づきます。定年退職まで一つの会社で勤め上げるのが当たり前だと思っていた私にとって、グループ企業とはいえ、複数の会社で営業を軸に異なる仕事に携わることができたことは本当にさまざまな学びを得る場となりました。そして、会社を変わるたびに、この「人を粗末にしないこと」の大切さを感じてきました。

こうして、コカ・コーラ ナショナル セールス社で全国でビジネスを展開するコンビニエンスストアチェーンを担当させていただくことから、次の営業での学びがスタートしたのです。

私たちの行動はお店のためになっていますか

コカ・コーラ ナショナル セールスでの配属先は、関東地区統括部です。担当するのは大手コンビニエンスチェーンの一社です。

コンビニエンスストアのビジネスは、本部と加盟店で構成されるフランチャイズシステムで進められ、各メーカーが提案する新商品の採否や販促策の採用如何はチェーン本部側で決定されます。私が担当するコンビニエンスチェーンも同様ですが、私たちの取引条件は好条件が並んでいる訳ではありません。そのためコカ・コーラ社の商品は、交渉の余地なしといった厳しいところまではいきませんが、競合と比べると難しい商談を余儀なくされます。

すべての営業担当に言えることですが、商品の取引条件を勝手に変えることはできません。あらかじめ定められた納入価格、販促条件、納品までの流れがあり、多少融通を利かせることができてもその幅には限界があります。

いままでと同じことをやっていては、必ず先細りになってしまいます。新商品を紹介し、販促策を売り込むだけではなく、これまでにない層へのアピール方法や売り場づくりといった新たな価値提案をしますが、商品が採用されてもすぐに商品登録から抹消されたり、販促策が早々に切り上げられたりと苦戦が続いていました。

そんななか、ボトラー社で私の担当するコンビニチェーンの営業部隊を取りまとめている小林マネジャーから「ウチの営業会議に参加してみないか」との誘いを受けました。彼の部隊は一軒一軒の店舗を訪問してお店の実情をつかみ、市場の変化に合わせた売り場づくりや販促を提案することが主な活動です。仕事は現場から考えないと上手くいかないことが多いということが経験則としてありますので、逆にこちらからお願いして会議のメンバーに加えていただきました。

そして会議の当日、現場担当者の皆さんからの報告です。生々しい報告が次々と上がってきます。そのなかで山梨の営業担当の小宮山さんの報告が私の耳に響きます。彼の営業をするうえでの基本的な言葉が改めて私に問いかけてくれたのです。

「先週も同じオーナーから『もっと儲けられる卸値にしてくれないと』と言われたので、

『ウチの商品が他社よりも高いのにはちゃんとした訳があるのです。こうやってお店を訪問して、どうやったらもっと売れるのだろうかと一緒に販促策を考えてくれるメーカーが他にありますか。どんなに卸値が低くても、売れなくては意味がない。私たちはお店に商品を買っていただくために働いているのではないのです。お店に来るお客さんが喜ぶ商品を提供して、それをもっと多くのお客さんにお店から買っていただくために仕事をしているのです。お客さんに買ってもらえるようにいろいろな活動をしているのでこの卸値になるのは当たり前なのです。そこが一番大事ではないでしょうか』とお話ししました」

まさしくその通りです。それではお客さんに買ってもらえる営業の仕事とはどんなことでしょうか。

飲料業界では新製品が発売される際によくプロモーションを行います。その一つにサンプリングという活動があります。量販店の一角に特設のブースを設けて、来店してくれたお客様に試飲してもらったり、試飲券を配って、新商品の認知度を高めていくのです。

コンビニエンスストア含めフランチャイズシステムで商売をしている店舗では、情報や販促資材が本部から提供されますが、お店に販促を支援する人が来て活動するといったことは稀です。

このため店舗にとってはメーカーから人がやってきて、新商品が売れるようにアピールする活動は悪い話ではありません。

今日はお茶の新商品が発売される初日です。店頭に製品を並べてその横に置かれた氷の入ったボックスには試飲用のペットボトルがキンキンに冷えています。店の前を歩く通行人や駐車場に入ったクルマのドライバーに試飲していただき、認知度アップと次の購買に結び付けようという目論見で朝早くからお店にやってきました。

ところがあいにくの曇り空。時折雨粒が落ちてきます。五月とはいえ肌寒ささえ感じる生憎の天気です。その場で試飲してくれるお客さんはほとんどいません。サンプル品だけ受け取ってさっさと通り過ぎていきます。手渡ししようとすると断られることもあって散々の状況です。お昼を過ぎる頃になると雨で濡れた頭をタオルで拭きながらのサンプリングとなり、新商品を店頭で紹介するという明るい感じではなく、ひたすら試飲用のサンプルを持って走り回るという状況です。

夕方になって片づけに入りますが、ひいき目に見ても良いイメージをお客さんに伝えられたかどうかわかりません。冷却ボックスを洗い、商品の入っていた段ボールを片づけて店長に御礼を言うために事務所に向かいます。

「今日は、どうもありがとうございました。もう少しといった感じでしたね。申し訳ありません」

お礼と併せてあまり芳しくない手応えを詫びて事務所を後にしようとすると、お店を手伝っている店長のお母さんが声をかけてくれました。

「もう少しなんかじゃないわよ。今日一日お疲れ様。この前の他の会社から新商品の店頭試飲で来ていた人なんてほとんど椅子に座って、お客さんが前を通ったら、立ち上がって試飲のサンプルを手渡しするくらいだったわよ。いい天気だったから、ゆっくり座りたくなるのもわからないではないけど、どうなのかしらね。それに比べて、今日は天気も悪いし、お客さんも少なかったけど、あなたは一日中走り回って、一人ひとりに声をかけていたじゃない。新商品の試飲会だから、たくさんのお客さんに上手くアピールできるに越したことはないけど、それよりも一生懸命お店のために頑張ってくれることが嬉しいのよ。この前の会社の人なんかよりも良かったよ。これからちゃんと売ってあげるからね」


新商品の試飲サンプリング企画の趣旨は、次に買ってもらえるように商品の良さを伝え、飲んでいただくことでその理解を図ることが主な目的ですが、この日はそれが十分にできたとは言い難い状況でした。

しかし、お店の方が見ているのは私たちの一つひとつの行動です。確かにお店にとって有利な条件は大切です。そのままお店の利益に反映されるので当然のことですが、お店にとって条件を上回るほど大事になるのが営業担当者の行動です。店長のお母さんの最後の言葉が改めてそのことを教えてくれました。

いままでと違う小さな工夫

飲料業界では、毎週のように新商品が発売されています。しかし、導入に際しては先方でバイヤー一押し商品、採用して様子を見る商品、短期間の売り切り商品というように一定のランクが設けられます。そのため商談ではより良いランクで採用されるということが重要になります。そこでどうすればより効果的に商品をアピールできるのか、より有利な条件で採用してもらえるのかとあれこれと考えました。

まず商品自体をどう紹介するのか。炭酸飲料や果汁飲料は当時から小型のクーラーボックスに入れて持参し、商談の場では店舗で販売されるのと同じ状態でバイヤーに紹介していたのですが、これまでの営業担当者は本来ならホットで販売する缶コーヒーでも試飲サンプルの缶は常温で持参していました。つまり売り場に並んでいる状態ではない商品ということです。

そこで缶コーヒーが入るサイズの小型ポットを用意し、ホットで飲める温度で持参し、仕事をしているオフィスの皆さんにも同時に試飲できるように人数分を用意したのです。パンフレットもバイヤーに商品を紹介するためのものだけではなく、バイヤーが社内で説明するためのものも作成しました。さらに社内の会議でも補足説明をするというサポート話も提案しました。特別なことではありませんが、ちょっとした工夫をして、できることをやってみたのです。

その結果、いままでダメだと言われていた東京のディストリクト会議（それぞれの地区で開催される社内会議）に参加することができ、目標達成に漕ぎつけることができたのです。

特に新商品を採用してもらえるための新たな好条件を付け加えた訳ではありません。いままでのやり方を少し変えただけです。

すべてのことに同じことが言えるかもしれませんが、いままでやってきたからという捉え方ではなく、違った見方をして、小さな工夫をしただけです。些細なことでも行動してみる。これが思いもよらない成果につながることもあるのです。

組織営業の醍醐味

最近は組織で営業をすることが当たり前のように言われていますが、現実に目をやれば組織の機能を使いきれていないのがほとんどではないでしょうか。私も同様にきちんと組織だった営業を進められている訳ではありませんでした。人の意見を聞いたり、間に立って調整したりが億劫になり、どうしても独りでやってしまいがちになります。そもそも営業に携わる大半の人が組織で営業を進めると言われても、何をすればいいのかがわからないのではないかと思います。

そこでフードサービスに異動した時に学んだ「いままでの見方を変える」というところに立ち返ってみました。自分たちの営業の仕事を俯瞰して使えることで、見えてくるものがあったのです。

一つの製品がお店で販売されるまでには、アイディアを出す人、それを企画する人、原材料を調達する人、製品にする人、製品の広告・宣伝を考える人、それを運ぶ人など多くのプロセスがあります。私のような営業担当者は、たまたまその製品を取引先に説明し、それを届ける地点に立っているだけなのかもしれません。そう考えると組織における営業活動を進めていくさまざまなアプローチが見えてきます。

フランチャイズシステムでビジネスを進めるチェーン店の多くでは、毎年加盟店向けにその期の方策や商品施策を伝える展示会が開催されます。これからこんな売り場づくりを進める、今期はこういった商品を戦略的に展開していくとの方針が示され、ちょっとしたホールのような特設会場に売り場を再現して、実際に商品を並べて実店舗に近い環境で加盟店の皆さんに説明するのです。

私が担当するコンビニチェーンの山梨地区でも今期の展示会が開催されることになりました。私たちの施策、新商品を加盟店にアピールするまたとない機会です。山梨地区担当の小宮山さんと一緒にどうアプローチするのかを考えます。

これまでは毎回自社の商品を持って行き、そこで紹介してもらっていたのですが、どうしても、より好条件を出した競合の品に良い場所を取られてしまいがちです。それは自分たちへの関心がその分薄くなってしまうことにもつながります。

この状況をなんとかしたいのですが、いままでのやり方がそれなりに進んでいれば、多くの担当者はあえて変えることはしたくはないと思ってしまいます。展示会のような手の掛かる場での変更はかなり大変になることが見えています。

「小宮山さん、どうする。このままではじり貧だよね」

「うん、何か手を打たないとマズイよね」

そう簡単にアイディアなんか出てきません。二人で押し黙ります。そこでまず小宮山さんと考えたのは、いままでのやり方を思い切って白紙にして、ゼロから何をするかを決めようということでした。

ではどうするのか。単に製品を紹介するのではなく、チェーン全体が今期、進めることに合わせて、「自分たちはこんなことをします」というメッセージを伝えることにしてはどうかというゴールの設定です。構造的にはそのメッセージの下に新商品や販促サポートを置くという位置付けです。

では何を伝えるのか。そこでもう一度相手の目的・戦略をきちんと確認しようということになりました。早速、地区本部にアポを取ります。

次にそれをどうやって伝えるのかということです。この戦略をなぜ進めるのかという背景をしっかりと伺い、この売り場、この商品ならば今期の目的に向けて、こんな良いことがあるといったストーリーを見せてはどうだろうと考えます。いままでの商品陳列や商品特性の説明ボードだけでは、加盟店の人たちに真意が伝わらないから、世の中のトレンド、さらにそれを先取りする今回の新商品を売ることのメリットを踏まえたストーリーボードをつくってはどうだろう。そこに地域のトピックスを交えたらいいんじゃないか。

お互い好き勝手を言いながらもいろいろな発想が飛び出してきます。その後、チェーンの先方からもらった意見や情報と社内の複数の部署から提供を受けた情報でストーリーができあがりました。

「どうやって」の部分は、自分たちのグループ会社が行った展示会の資材を担当者が融通を利かせて貸してくれることになりました。小宮山さんが上司に相談したところ、連絡をとってくれたのです。

まさに組織だった連携でそれまでとはまったく違った展示会が開催され、チェーン本部と協働で進めた私たちの施策を加盟店に伝えることができたのです。当時はコンビニエンスストアが毎年、伸長していた時代なので、この取り組みがどの程度効果があったのかはわかりませんが、その期の業績は前期を大きく上回ることができました。

展示会を終えた日暮れ間近、二人でトラックの荷台に腰を掛け、会場で用意してくれたお弁当をいただきます。その時、小宮山さんがぽつりとつぶやきます。

「今回は本当にみんなが力を貸してくれたなぁ。それもこれもいままでのやり方にこだわらなかったからかなぁ」

幕ノ内弁当を突つきながら話します。

「それぞれの部署に自分たちが目指すことや力を貸して欲しいことを正直にお願いしたからでしょうか」

ご飯を頬張りながら優等生っぽい返事をしますが、そう外れていないはずです。同じ会社で目指していることは同じだからです。その目的のために協働でやっていきたいと声を掛けているだけです。組織営業の最初の一歩はそんな一言ではないかと思います。

自分のアタマで考えて、相手の立場で行動する

よく、「自分とは合わない人は避けてもいい。そういった人と関わることから逃げることも一つの方法です」と言われるのですが、会社同士で取引をしている営業の窓口担当者の場合、そうはいきません。逃げたいと思うことがあっても、上手く折り合いをつけ、きちんと話ができる関係を保ちながら仕事を進めざるを得ません。ではどうすればいいのか。そうそう上手い手は見つかりません。ところが思わぬところにヒントがありました。

「なんだよ。この前言ったことが全然できてないじゃない」

先月から営業の窓口として着任した近藤バイヤーが、私の渡した提案書をバサッとテーブルの上に投げ置き、こちらに目をやります。

「前回、お話しいただいた点につきましては社内で検討してまいりましたが、どうしてもそこまでのご対応は致しかねます。しかし、この販促プランなら、ご期待に沿える売り上げにつながると自信を持ってご提案しました」

「ふーん、この内容でね」

近藤バイヤーはテーブルの上の提案書を拾い上げ、企画内容が書かれているページをパラパラとめくりますが、口元はへの字に曲がったままです。とても居心地の良い場とは言えませんが、この場から逃げ出す訳にはいきません。内心穏やかではありませんが、できるだけにこやかに対応します。

実際の営業現場ではこうしたことが当たり前のように起こります。さすがに相手から怒鳴られたり、机を叩いて威圧されたりといったことはありませんが、こうした暗黙のプレッシャーを味わう場面は一度や二度ではありません。

しかし、以前ならこの事態をなんとかしようと解決を探る言葉を探したりしていましたが、そういったことをあまりしなくなりました。

じつはこれにはある背景がありました。

近藤さんの前任バイヤーである宮村さんから伺った言葉がちょっとした拠り所となり、厳しい商談の場になっても、なんとかなるのではないかと思うようになったからです。

その言葉とは、「本当に相手の立場に立って考えて、相手にとって何が必要なのかを自分のアタマで考えて行動する」というものです。

そんなことは当たり前じゃないかと思われるかもしれませんが、この「自分のアタマで考えて、相手の立場で行動する」ということが「本当にできているか」ということです。

前任の宮村バイヤーは、人の話に静かに耳を傾けてくれるような穏やかな人柄で、私が営業に臨んできた場には珍しいタイプの方でした。商談の時に手帳のメモ書きやスケジュールを見せてもらったことがありますが、丁寧に書かれた文字がびっしりと並んでいます。ある日の商談の時に、つぶやくように私に話してくれました。

「こうやって仕事をしているといろいろとつまらないものが増えてきますよね。お互い目標だとかノルマめいたものを抱えながらやっていると、それが本当に一番大事なのかって思ってきますよ。じつのところ大事なのはそうやって決められた数字を毎月こなすことではなくて、何のためにこうやって苦労しているかということですよね」

「確かにそうですよね」

うなずきながらも、どうしてこんな話をしてくれるんだろうと思いながら、言葉の真意を探ります。

「我々のところには毎日、何人もの取引先がやって来るんだけど、そのほとんどが単なる新商品の紹介や会社で企画されたプランの説明、良い取引条件を持ってきました、といったいつもと変わらない話を聞かされるだけです。それ以外の話はちょっとした雑談程度のもの。どこかの部署がつくった企画をそのまま持ってきて聞かされるだけなら、わざわざ来なくてもいいんじゃないかと思ってしまいます」

少し風当たりの強い話になりそうな雲行きに姿勢を正します。

「こちらとしても、話の流れから、もっと値段を下げろとか、条件を良くして欲しいといったつまらない話になってしまう。本当に欲しいのは、やらなくてはいけないことに関しての提案なんだけど、どこもそんなものを持ってこないですね」

確かにその通りです。毎回、新商品の紹介、販促企画の説明だけにとどまっている自分の姿勢に気づかされ、ハッとします。本部での商談はこれでよし、といったかたちを勝手につくっていた自分の甘さに気づかされる一言でした。

「自分も気を付けなくてはと思っている点なんだけど、こうやって会社で同じようなことをやっていると、仕事をやらされているといった気持ちになって、肝心な『自分がこの会社を選んでいまの職で役割を担っている』ということを忘れてしまう時があります。『自分から仕事をする』という気持ちがあれば、毎回、誰かがつくった書類を説明するだけの仕事にはならないと思います」

そう言われれば、やらされ感で仕事をしている自分もいます。「そうだよ。自分で選んだ仕事だから、自分で考えながらやるのは当たり前だよな」ともう一人の自分が囁きます。

近藤さんに話しかけます。

「今期は我々も大変ですが、近藤さんもご苦労されているのではないかと思います。言いたいこともあると思います」

決して最初から「何かお困りごとはありませんか」とか、「いま、抱えている問題や課題をお聞かせください」といったストレートな質問はしません。そんなことを最初から切り出しても、本意をそのまま伝えてくれることはまずありません。拙い経験則ですが、そんな質問への答えのほとんどは表層的なものにとどまります。

よく、営業の第一歩として「先方に刺さる提案をするためには、まず相手の抱えている問題をつかんで、何が課題なのかを理解する」ということが挙げられますが、それをそのまま教科書通りに質問しても、本当の課題は答えてくれません。まず相手のことをきちんと理解するために、相手がいま、どんな立場にあるのか、どんな状況で、どんな気持ちなのかを知ることから始めるのです。自分たちの商品を前提に質問を切り出すと、相手はそこを敏感に感じ取ってしまい、いい話にはなりません。

こんな話を幾度となく重ねていくうちに、近藤さんがぽつりと話をしてくれました。

「この地区の担当なんだけど……」とチェーンのエリア区分のリストを指さしながら、話が進みます。「なかなかこっちの言うことを聞いてくれないんだよね。やって欲しいことはちゃんと伝えているんだけど、わかってくれなくて。困ったもんだ」

おっ、そんなことがあるのか。ちょっと糸口が見えてきました。チェーン店ではバイヤーが決定した商品とその施策が全店にくまなく行き届くことが基本的な仕組みとして動いていますが、一方で、そこには人間関係が絡み、上手くいかないこともあります。現実には起こりがちな弊害の一つです。

「ではどうでしょう。お手伝いできることがあるかもしれませんので、私がその地区のオフィスを訪問して、バイヤーの意図するところをお伝えし、併せて現場の状況も確認しましょうか」

最初はやんわりと断られていましたが、何度か話を続けるうちに、「じゃあ、行ってもいいよ」ということになりました。

こうして目指す地区オフィスを訪問すると、最初はいぶかしがっていた地区マネジャーから、現場の困りごと、私たちに対する要望といったいろいろなことが出てきます。その中には採用された企画の意図することがきちんと伝わっていないものもあります。一つひとつ丁寧に説明すると、すべてではありませんが、なるほどとわかってくれます。少なくともこれまでとは少し違った反応になってくるのです。このことを次の商談の場で近藤さんに伝えます。

「この前はありがとう。まあ、ちょっとはよくなったかな」

相変わらずのぶっきらぼうな物言いですが、以前よりも近しい関係を感じます。こちらの話に耳を貸す姿勢も変わったように思います。

営業にはさまざまなかたちが存在します。私が製品をトラックに積んでお店の倉庫に運びながら売り込みをしていた商談の場と、こうやって大きなチェーン店で商談をしているいまの営業現場。場面としては大きく異なりますが、本質的なところは何も変わらないのです。

「自分のアタマで考えて、相手の立場で行動する」

いま、改めて自分を見つめなおします。

成果を上げる協働力・成果を下げる競争力

営業に限らずですが、自分の行動で得た知識や貴重な情報、上手くいったやり方は人には教えたくないといった気持ちが働きがちです。これは組織の中でも同じです。このやり方が良かった、この情報は役に立つといったノウハウが多くのところで共有されていないのです。これが結局、自分自身の成長を妨げ、引いては組織全体の成果を損なうことになるのです。

ある日のことです。担当するチェーンの店舗の駐車場にクルマを停め、店の奥のバックヤードのドアを開きます。

「どうしてそういう発想になるんだ」

店長の菅原さんが少しあきれ気味の口調で誰かと電話で話しています。

「おはようございます。どうされました。随分とご立腹ですね」

電話を切った菅原さんに話しかけます。

「ああ、じつはこの商品を試しに売ってみたんだ。ウチの担当が、関西で滅茶苦茶売れたから、こちらでもヒット間違いなしですとあまりに熱心に言うから、売ってみたんだけど、これが本当に凄かったんだ。それで周囲のお店にも声をかけて、一緒にやってみたら同じ結果になったから、担当の上のこの地区のマネジャーに、『他の地区にも是非、紹介しましょう』と言ったんだ」

「それはいいですね。まだ誰も注目していない、ヒット間違いなし商品。皆さん、喜びますよ」

「そうしたら、地区のマネジャーが何て言ったと思う」

菅原さんが自嘲気味に笑いながら続けます。

「これはウチの地区でもっと稼いで、他には伏せておきましょうという返事だ。まったくあきれ果てて、次の言葉が出なかったよ。どうして、そんな発想になるんだ」

確かに、店舗に役立ちそうな情報だったら、もっと広く伝えることでグループ全体の大きな売り上げにつながって、いい波及効果が得られそうですが、どうして、そういったことが共有されないまま、囲われてしまうのでしょうか。菅原さんが続けます。

「お恥ずかしい話だが、これは地区担当のマネジャーが他の地区のマネジャーに負けたくないといった競争の気持ちから起こっているんじゃないかと思うんだ。それぞれの担当功績で評価される。それはわかるがこれはいい意味での競争じゃない。いわば〝マイナスの競争〟というやつだ。一人ひとりが大事な情報を囲ってしまうと全体の成長が止まってしまうということがわかっていないんだ」

たしかにその通りですが、これと同じようなことは至る所にあるように思います。自分が一生懸命やって得たものであれば、なおさら人には簡単に渡したくはないという気持ちは理解できます。しかし、はたしてそれはいいことなのでしょうか。菅原さんが続けます。

「そういうことを続けていると、結局は自分のためにならない。自分が得たものを人に与えないということは、周囲の人もこちらには何も与えてくれないということになる。本当はそこが一番怖いところなんだ。だから、このあたりの仲間では、やってみてよかったこと、上手くいかなかったことはお互い教え合っているんだ。こういうことが本当は凄く大事なんだけど、多くの人がわかっていないのかもなぁ」

じつはこれと正反対の話を社内の会議で聞くことがありました。あるチェーン店が実際にやっていることでしたが、そこでは隔週で一回、広範なエリアの担当が集まり、上手くいったこと、皆に有益だと思われる情報を発表し、参加者が自分で得たものを競って全体に広めているとのことでした。もちろんその情報が他でも上手くいくといった保証はどこにもありません。そこにあるのは、〝マイナスの競争〟ではなく、全員にとって嬉しいことにつなげようとする〝プラスの競争〟なのです。このことだけではないとは思いますが、実際にそのチェーン店の成長は目覚ましいものがありました。

翻って我が身で考えてみると、知りえたものを提供することには、割り切りにも似た勇気が必要な時もあります。しかし、打算なく人に提供すると、より大きなものになって返ってくることもあります。新しい考えや自分では気づかないアイディアをいただくことも少なくありません。

結局のところ、大切なのは持っているものを囲っておく競争ではなく、持っているものを人により多く提供しようという姿勢からくる、いい意味での競争ではないかと思います。それこそが、自分たちの目指すものに向かうための〝プラスの競争〟になります。
成果を上げる協働にするのか、成果を下げる競争に陥るのか、選ぶのは自分自身です。

相手が本当に困った時こそ試される

先述のように、私たちは、店頭起点の提案チームを編成して全国的に活動を全国的に展開していました。スーパーマーケットの売り場を、買い物をしてくれるお客様へのアンケートに基づいて活性化しようという取り組みです。

今回は宮城県気仙沼市のクリエみうらという地元のスーパーマーケットへの提案です。専務と店長、売り場の担当者を招き、お客さんの声を基に考えた複数の提案を行います。ところが三浦専務はずっと難しい顔をしたまま黙ってこちらのプレゼンを聞くだけです。質問してくるのは店長と売り場の担当の方だけです。一通りの話を終えてこれは難しい場になりそうだと覚悟した矢先に三浦専務が発言しました。

「まぁ、お客さんが言っているのだから仕方ないか。今日もらった提案、全部やってみるか」

お客さんのことを真っ先に考える姿勢、転換の早さ。これが三浦さんとの最初の出会いでした。これ以降、東京と気仙沼という結構な距離がありながら、個人的に長い付き合いをするスーパーマーケットとなりました。店頭イベント・新しい販促方法の検証、新機材のテスト、さらに社内で使うビデオ撮影まで、いろいろなことを助けてくれたのです。

二〇一一年三月一一日、宮城県沖で発生した地震による強大な津波が気仙沼を襲いました。連日、未曽有の被害がテレビに映し出されます。いても立ってもいられませんが、現地に立ち入ることはおろか、連絡すら取れません。

結局、三浦さんの無事がわかったのは震災発生から一〇日後です。同時に奥さんとご両親の悲しい知らせを聞くこととなりました。一ヵ月後にようやく気仙沼に入ることが許されました。すぐに必要なものを伺い、仕事をするためのPCを数台、移動用の原付バイク、携行缶に詰めたガソリンを載せたクルマで現地に向かいます。

津波に襲われた店はとんでもない状態で、むき出しになった建物の骨組みの間には押し流されてきた廃材や泥がびっしりと詰まっています。報道で見ているだけではまったくわからなかったのは、現場は魚が腐ったような凄い匂いがするということです。何も防備がないと、とてもその場にいられない状態です。とても店が再開できるようには見えません。専務から社長になっていた三浦さんは、廃屋のようになった店舗をじっと見つめたままでした。

しかし、震災から二年後の二〇一三年にクリエみうらは別の場所で新店を立ち上げるまでになりました。

三浦さんとは営業を通して知り合ったのですが、いまでは、それを超えた関係になっているように思います。震災後の三浦さんの一言が、自分を引き締める訓戒のように耳に残っています。

「私の仕事は、生活に必要なものを届けることだと思っている。ならばいま、ここに住んでいる人たちのためにまず、行動することだ。本当に困っている時には行動でしか、気持ちは伝わらない」

営業はビジネス活動の一環ではありますが、取引条件を超えた人と人との関係が最も大切なのは他の仕事と同じです。表層的なものではなく、本当に相手のことを思う気持ちでいること、そしてそれを行動に移す強さが求められます。まだまだ学びは尽きません。

エピローグ　あなたの伸び代

営業という仕事はとても多くのものが学べる仕事です。学びというと学校でやったような勉強というように捉えられがちですが、実際の〝学び〟とは自分の成長につながることすべてだと言えると思います。営業という仕事は毎日が学びの連続です。その中には不条理なものもあり、大きく落ち込むことも一度や二度ではありません。

お客様から相談を受けて一生懸命に考え、上司にお願いし、なんとか予算をもらった渾身の提案がそっけなく断られる。逆に法外な条件を突きつけられる。横から出された他社の提案にとって代わられる。なんともやりきれなくなることが当たり前のように起こります。

しかし、その一つひとつが自分の成長の大きな糧となるのです。落ち込んだりしなくてもいいのです。その渦中ではとても耐えられないと感じますが、実体験から得た学びは柱となり、必ず自分を支える強い力になります。私は営業という仕事を通じて、このことを実感しています。

偏差値五〇以下の大学から仕事に就いた私は、有名大学を出た同僚とは少し違った場所からの社会人スタートでした。雨に打たれ、商品を運びながら、逃げたくなるような毎日です。その頃の私は、将来に向けた希望もはっきりとした目標もないまま仕事だけをこなし、月曜になれば次の休日が待ち遠しいといった毎日が続いていました。そんななか、第1ステージの冒頭でも取り上げましたが、先輩の土居さんから居酒屋に誘われ、その時の半ば説教めいた話が私の一つの転機になりました。

「人から差をつけられている分だけ伸び代は大きいものだ」

釈然としない顔の私にさらなる言葉が飛んできました。

「お前は納得していないかもしれないが、ネガティブな感情は自分自身の言い訳がつくりだすものだ。そういう言い訳で自分を包んでしまうと、人間はその中に閉じこもって、大事なものを自分で見えなくしてしまう。よく『ポジティブに考えろ』というだろ。あれはものごとを単純に肯定すればいいと言っているのではないぞ。自分が将来こういうふうに在りたい状態、なりたい姿に向けて進んでいくなかで、起こることに否定的になることなく歩き続けるということだ。お前が目指すものは何だ。それに向かってポジティブに考えて、少しずつ、いままでの自分を変えていくということがお前自身を幸せにするんだ」

自分だけではとてもそういう考えは生まれませんが、言われてみれば確かにその通りです。自分はダメだという否定からは何も生まれません。世の中には差があって当然です。上には上がいます。一方で下が悪いのかといえば、そうではありません。それぞれが自分のいる場所でしっかり立てば良いだけだと思います。そもそも人には強みと弱みが混在していて、優劣ではないと思います。この言葉を聴いた居酒屋では、自分が目指すものはなんだかわかりませんでしたが、土居さんが言っていることは間違いではありませんでした。

私はその後、全国セールスコンテストで日本一を獲得することができ、それをきっかけにボトラー社から日本コカ・コーラ社への出向第一号となりました。現在では、多くのボトラー社員が日本コカ・コーラに出向していますが、その道を開くことに貢献することもできました。その後、一度はやってみたかったコカ・コーラの広告資材の開発の仕事を経て、全国の営業担当者向けの人財育成プログラムの開発、現場の人たちのスキルアップの支援、そしてコカ・コーラ カスタマー マーケティング社の経営企画室の責任者となり、組織を横断する仕事を通じて、数々のプロジェクトに携わることができました。多くの人に助けてもらいながら、本当に多くの仕事をすることができたのです。

私に特別な能力があった訳ではありません。自分の目指すことを定め、それに向かってできることをやってきただけです。

行動を起こしても、上手くいかないことが圧倒的に多いのは当たり前です。営業という仕事はそれを現実という講師から学び、次はどうすればよいのかを考え、行動することで自分の本当の力にすることができるのです。

しかし、ほとんどの人が、行動を起こす前に頭の中でネガティブな結果をつくりだし、これからにブレーキを掛けてしまっているように思います。

自分の伸び代を自分で縮めてしまう。なんともったいないことでしょうか。これまでの延長線上でものごとを捉え、ネガティブに考え、行動するのを止めてしまえば、何も変わりません。なんとか変えることができるのは、これからしかありません。そもそもやってみないことには絶対に結果は出ません。

あなたの目指すものが高いところにあれば、あなたの成長の幅はその分だけ大きくなります。

学校では学ぶことのできない営業という仕事で学んできたことが、その幅を少しずつ埋めてくれました。ここまで紹介してきたエピソードを次につなげていくのはあなた自身です。

そう、あなたにはまだまだ伸び代があるのですから。

謝辞

最後までお読みいただき、どうもありがとうございました。

この出版を支えてくださったすべての皆様に感謝を伝えたいと思います。

出版のことは右も左も分からない私を導いてくださった、アップルシード・エージェンシーの鬼塚忠先生、有海茉璃さん、伴走してくださった園田義明さんにお礼申し上げます。

同時に出版を引き受け、作品として磨きをかけてくださった講談社の田中浩史さん、一緒に進めてくださった皆様に心より感謝申し上げます。

また、これまで多くの学びを与えてくださった取引先の皆様、諸先輩の方々に改めて御礼申し上げます。

二〇二四年五月

山岡彰彦

山岡彰彦

株式会社アクセルレイト21　代表取締役社長。

1980年四国コカ・コーラ ボトリング株式会社に入社し、営業職に就く。日本コカ・コーラ社主催の全国セールスフォースコンテストで第一位を獲得したことを契機に、全国のボトラー社から初の日本コカ・コーラ社への出向者となる。その後、同社の教育機関で全国セールスマンの教育に携わり、グループ企業の経営企画室室長を経て、現在は複数の大学で講義、多数の日系・外資系企業で研修を行っている。

講談社＋α新書《プラスアルファ》　878-1 C

コカ・コーラを日本一《にほんいち》売《う》った男《おとこ》の学《まな》びの営業日誌《えいぎょうにっし》

山《やま》岡《おか》彰《あき》彦《ひこ》

2024年 6 月18日第1刷発行
2024年11月 5 日第5刷発行

発行者——— 篠木和久
発行所——— 株式会社 講談社
東京都文京区音羽2-12-21 〒112-8001
電話 編集(03)5395-3522
販売(03)5395-5817
業務(03)5395-3615

デザイン——— 鈴木成一デザイン室
構成協力——— 園田義明
著者エージェント— アップルシード・エージェンシー
カバー印刷——— 共同印刷株式会社
印刷——— 株式会社ＫＰＳプロダクツ
製本——— 牧製本印刷株式会社

KODANSHA

定価はカバーに表示してあります。

落丁本・乱丁本は購入書店名を明記のうえ、小社業務あてにお送りください。

送料は小社負担にてお取り替えします。

なお、この本の内容についてのお問い合わせは第一事業本部企画部「＋α新書」あてにお願いいたします。

Printed in Japan
ISBN978-4-06-536109-2

講談社+α新書

世界の賢人と語る「資本主義の先」　井手壮平
経済成長神話、格差、温暖化、少子化と教育、限界の社会システムをアップデートする！
990円 874-1 C

健診結果の読み方 気にしたほうがいい数値、気にしなくていい項目　永田宏
血圧、尿酸値は知っていても、HDLやASTの意味が分からない人へ。健診の項目別に解説。
990円 875-1 B

なぜ80年代映画は私たちを熱狂させたのか　伊藤彰彦
草刈正雄、松田優作、吉川晃司、高倉健、内田裕也……制作陣が初めて明かすその素顔とは？
1100円 876-1 D

刑事捜査の最前線　甲斐竜一朗
「防カメ」、DNA、汚職から取り調べの今、「トクリュウ」まで。刑事捜査の最前線に迫る
990円 877-1 C

コカ・コーラを日本一売った男の学びの営業日誌　山岡彰彦
Fランク大出身、やる気もないダメ新人が、セールス日本一を達成した机上では学べない知恵
990円 878-1 C